인공 지능은
감히 넘볼 수 없는
인간의 기술

휴먼 스킬

크리스털 림 랭 · 그레고르 림 랭 지음 | 박선령 옮김

HUMAN SKILL

니들북

실제 사례를 활용해 휴먼 스킬을 멋지게 설명해놓았기에 독자들이 쉽게 공감하면서 일상생활에 즉시 적용해볼 수 있다. 직장 내에 성과 지향적 문화를 형성하고픈 리더들은 절대 《휴먼 스킬》을 놓쳐서는 안 된다.

- 청 속 회이, DBS 은행 최고 재무 책임자

크리스털과 그렉은 최신 연구 결과 및 자신들의 독특하고 다양한 경험을 의미 있고 성공적인 삶을 살아갈 수 있는 방법에 관한 실용적인 조언과 결합시켰다.

- 로렌 슈스터, 레고 그룹 최고 인사 책임자

이 책은 미래 세대의 앞날에 무엇이 기다리고 있는지, 그리고 미지의 세계를 마주하는 데 필요한 기술은 무엇인지 알려주는 매우 고무적인 내용이 가득하다.

- 볼커 크론, 호주/싱가포르 호프만 센터 책임자

이 책에는 '인간다운 기술을 두 배로 늘려야 한다'는 주장이 매우 재미있는 내용과 함께 담겨 있다. 책의 콘셉트를 명확하게 뒷받침해주는 다양한 사례와 '그래서 어떻게 해야 하는가'와 같은 실천적인 부분을 제대로 다룬다.

– 일레인 유, 이곤 젠더 수석 파트너, 리더십 자문팀 글로벌 공동 대표

크리스털과 그렉은 많은 사람들에게 미래 대비 방법을 가르친 다년간의 경험을 바탕으로 오늘날을 살아가는 우리에게 적절한 습관을 길러 더 나은 인간이 되는 방법을 가르쳐준다.

– 미셸 체오, 메와 그룹 대표

크리스털과 그렉은 극도로 복잡한 주제를 이해하기 쉽게 만드는 재능을 가지고 있다. 재미있고 사려 깊고 실용적인 이 책은 4차 산업 혁명 시대를 살아가는 모든 이들에게 필수적인 안내서다.

– 패트릭 그로브, 캣차 그룹 CEO, 아이플릭스 회장, 공동 창업자

이 책은 동양과 서양의 문화, 기업 리더십 및 심리학계에서의 경험, 남성과 여성의 관점이 보기 드물게 잘 조합되어 있다. 크리스털과 그렉 두 사람이 재능을 합쳐 현대 사회를 성공적으로 살아가는 방법에 관한 강력하고 매혹적인 '작품'을 만들어낸 방식이 무척 마음에 든다.

- 제임스 터튼, 스마일링 마인드 공동 창업자, 이사, 네오메트로 이사

크리스털과 그렉은 필수로 갖추어야 할 다섯 가지 휴먼 스킬을 선정하고 이를 어떻게, 어떤 순서로, 무엇을 위해 배워야 하는지를 설명한다. 이 책은 4차 산업 혁명 시대를 잘 살아내기 위한 간단하면서도 자주 잊어버리는 비결, 즉 더 인간다워져야 한다는 메시지를 전달한다.

- 프란체스코 만치니, 싱가포르 국립 대학교 리콴유 공공 정책 대학원 부학장, 공동 이사

아무리 로봇, 인공 지능, 기술 중심 시대라고 해도 인간이 로

봇같이 되어서는 안 된다. 우리는 내면의 인간성과 긴밀하게 연결되어 진정한 인간으로 거듭나야 한다. 이 책은 중요한 대화에 많은 도움이 되고 요즘 세상에서 반드시 읽어야 할 필독서다.

- 벤저민 버틀러, 미래학자, 이머징 퓨처 인스티튜트 설립자

크리스털과 그렉은 복잡한 문제를 단순하고 이해하기 쉬우며 공감할 수 있는 것으로 만드는 재능이 있다. 《휴먼 스킬》은 전인적인 접근 방식을 뒷받침하는 과학적 자료와 사실을 통합하는 동시에 사회생활 및 사생활에서 겪는 문제들을 능숙하게 헤쳐나갈 수 있는 신선한 방법을 제시한다.

- 미셸 말도나도, 루첸시아 사장, CEO

인류가 딥 테크를 발전시키고 있는 상황에 발맞추어 휴먼 스킬도 발전하고 있다는 아이디어가 마음에 든다. 크리스털과 그렉은 미래의 직업에는 더 많은 사회 정서 지능이 필요하다

는 사실을 명확하게 밝혔다. 이 책에 당신의 인생이 달려 있
다고 생각하고 진지하게 읽어보기 바란다. 왜냐하면 그게 사
실이기 때문이다.

- 차드 멩 탄, 구글 전 엔지니어, <뉴욕 타임스> 베스트셀러 《너의 내면을 검
  색하라》 저자, 서치 인사이드 유어셀프 리더십 인스티튜트 공동 설립자

이 책은 개인의 성장과 발전, 긍정적인 변화를 진지하게 고민
하는 사람들에게 게임 체인저와 같은 책이다.

- 타샤 유리크, <뉴욕 타임스> 베스트셀러 《자기통찰》 저자

크리스털과 그렉은 혁신적이고 효과적인 사회 정서 학습, 리
더십, 긍정적 신경 가소성의 선구자다. 그들은 다른 사람들의
지속적인 행복에 큰 공헌을 하고 있다.

- 릭 핸슨, 박사, <뉴욕 타임스> 베스트셀러 《행복 뇌 접속》, 《붓다 브레인》,
  《12가지 행복의 법칙》 저자

크리스털과 그렉은 학생들뿐만 아니라 대학이 미래에 잘 대비된 졸업생을 배출할 수 있도록 지지를 아끼지 않는다. 그들의 최첨단 연구와 실천 사례는 우리가 미래에 쓸모없는 존재가 되지 않도록 오래된 것들을 와해시키고 새로운 변화를 추구하려는 의지를 북돋운다.

- 프라딥 나이르, 박사, 테일러 대학교 부총장

contents

Part **01**	디지털 파괴 Disruption

Part **02**	휴먼 스킬 Human Skill

```
                                                    ⊠
  Part                                          공감
  05                                       Empathy
```

```
                                                    ⊠
  Part                              복잡한 의사소통
  06                        Complex Communication
```

Part
07

적응 회복력
Adaptive Resilience

다가올 미래는 반짝반짝 빛나길 바라며

지구상에 가장 작은 원을 그렸을 때 원 바깥쪽보다 안쪽에
더 많은 사람들이 사는 곳은 어디일까? 2015년 싱가포르의
대니 콰Danny Quah 교수는 이 질문에 대한 답을 찾아냈다. 그
가 전 세계 대륙의 약 6분의 1 정도만 포함된 3차원 원을 그
렸을 때 그 중심에 동남아시아 지역이 있었다. 이렇게 인구
가 넘쳐흐르는 동남아 중심부에 싱가포르섬이 있다.

7만 헥타르(서울보다 조금 큰 면적)밖에 안 되는 이 작은
땅덩어리에 6백만 명이 살고 있다. 게다가 전체 면적의 4분
의 1은 수많은 기술자와 불도저, 엄청난 양의 모래를 동원
해서 인공적으로 만든 땅이다.

말라리아가 들끓던 제3 세계 섬 싱가포르는 눈에 띄는
초고속 발전 덕분에 단 한 세대 만에 세계에서 네 번째로 큰
금융 중심지이자 물가가 가장 비싼 도시가 되었다. 이런 성
과는 싱가포르가 동남아시아에서 가장 크기가 작은 데에다
천연자원이나 매장 자원도 전혀 없다는 사실을 감안하면 더

욱 놀라운 일이 아닐 수 없다.

싱가포르의 발전은 적극적이고 야심 찬 지도자 리콴유
Lee Kyuan yew 총리 덕분이었다. 미국의 정치학자 헨리 키신
저Henry Kissinger는 리콴유 총리에 대해 다음과 같은 글을 남
겼다. "리콴유는 단순한 생존이 아닌 탁월한 승리를 내다보
았다. 그는 부족한 자원을 대신할 뛰어난 지능, 규율, 독창
성을 찾아냈다. 오늘날의 싱가포르는 이런 그의 비전을 입
증한다."

리콴유는 싱가포르인들에게 앞서 나가는 것, 그리고 재
능을 개발하는 것에 대한 끈질긴 집착을 심어주었다. 30년
간 총리로 재직하면서 수많은 연설을 통해 현실에 안주하
는 것의 위험성을 경고했고, 더 열심히 일하고 더 많이 공부
하고 글로벌 경쟁에서 눈을 떼지 말고 이미 성취한 것에 절
대 만족하지 말기를 촉구했다.

"나는 현 상태에 안주하는 것이 두렵다. 상황이 좋아지
면 사람들은 일은 적게 하면서 더 많은 걸 바라는 경향을
보인다."

1970년에 리콴유가 했던 이 말은 여전히 시사하는 바
가 크다. 창이 공항에 도착하면 터미널 밖으로 나가기 전
부터 미래에 대한 싱가포르의 집착을 느낄 수 있다. 세계에

서 가장 높은 10층짜리 실내 폭포가 방문객을 맞이하고 머리 위에는 움직이는 조각상들이 떠다닌다. 아이들은 네 개층을 연결하는 거대한 미끄럼틀을 타려고 줄을 서 있다. 나비 정원에는 사람들이 보는 즐거움을 느낄 수 있도록 정성스럽게 선별한 1천 종의 나비가 날아다닌다. 공항에서부터 혁신이 일어나고 있음을 사람들에게 분명하게 알리는 생생한 선언인 셈이다.

2015년에 대니 콰 교수가 전 세계에서 가장 많은 인구가 사는 가장 작은 원 문제에 골몰해 있을 때, 정부 고위 지도자들은 싱가포르 노동자들이 미래 대비가 제대로 되어 있는지 고민했다. 마냥 지상 낙원일 것 같던 싱가포르에서 첫 번째 문제의 징후가 표면화되기 시작한 것이다.

자동화와 기술 발전을 배경으로 새롭게 등장한 비즈니스 모델과 경쟁 업체들로 인해 싱가포르의 일자리 지형에 심각한 차질이 빚어지기 시작했다. 세계 어느 지역이나 마찬가지이겠지만, 싱가포르의 가장 큰 부동산 회사들은 에어비앤비Airbnb나 코워킹Co-working 스타트 업들과 싸우고 있다. 또, 운송 회사들은 우버Uber 같은 회사들을 상대하고 있다. 싱가포르의 고급 쇼핑가인 오차드 로드의 소매상들은 소비자들이 인터넷 쇼핑으로 몰리면서 사업이 침체되는 바람에 매장 문을 닫고 있다.

이런 사태를 수수방관할 수 없었던 정부는, 연간 10억 싱가포르달러(약 8천7백억 원)의 예산을 투입하고 새로운 기술 습득을 장려하며 진로 지도를 제공하는 스킬퓨처 SkillsFuture라는 계획안을 발표했다. 이에 따라 25세 이상의 싱가포르인은 신기술을 배우는 데 쓸 수 있는 500싱가포르달러(약 40만 원)를 받게 되었다.

정부는 국민들을 향해 경고의 메시지도 전달했다. 리이산Lee Yi Shyan 선임 국무 장관(무역 산업 개발부)은 이렇게 말했다. "새로운 기술은 많은 지능 기능, 예측 기능, 그리고 기록, 파일화, 문서화, 데이터 수집 같은 반복 기능의 자동화를 가능하게 만들었다. 하지만 이와 동시에 많은 일자리가 사라질 것이다."

학계에서도 이와 같은 발전 상황을 전전긍긍하며 지켜보았다. 싱가포르는 항상 세계 교육 순위에서 1위를 차지하는 데 자부심을 느낀다. 하지만 학문적 우수성에만 초점을 맞추는 건 직장 생활에 대비하는 최선의 방법이 아니며, 혼란을 거듭하는 새로운 시대에 성공 비결이 될 수 없다.

고용주들은 요즘 세대들이 책에서 배운 지식만 많고 불확실성과 변동성이 들끓는 새로운 과경쟁 시대에 제 역할을 해내지 못한다고 불평하기 시작했다. 더불어 학생들은 의미 있는 직업을 찾기 위해 더 많은 지원을 요청하기 시작했다.

이에 대학과 고등 교육 기관은 진로 지도에 집중적인 노력을 기울이기 시작했다. 아시아 최고 대학으로 손꼽히는 싱가포르 국립 대학교는 졸업생 미래 대응 센터를 설립했다. 졸업생 미래 대응 센터는 새롭고 멋지지만 무섭도록 빠르게 움직이는 세상 속에서 성공을 거둘 수 있도록 3만8천 명의 학생들을 준비시키는 임무를 맡게 되었다. 2015년 싱가포르 국립 대학교의 학생 수용률은 싱가포르 전체 출생 코호트의 15퍼센트를 차지했다. 이는 대학 수준에서 제정된 정책이 젊은 세대 전체에게 큰 영향을 미칠 수 있다는 걸 보여준다.

이 센터에 부임한 센터장은 대학의 고위 관리직 사이에서 보기 드문 인물이었다. 그녀의 동료들은 대부분 교수이거나 교육 분야 베테랑들이었다. 하지만 그녀는 법학 학사 학위를 취득하고, 투자 은행, 금융권, 인재 스카우트, 농업, 사업 등 교육 이외의 다양한 분야에서 활동한 경력을 가지고 있었다. 그녀는 대학 고위 경영진과의 면접에서 '미래 대응'이 도대체 어떤 의미인지 물었지만, 돌아온 건 "그게 바로 당신이 알아내야 할 일입니다."라는 말뿐이었다.

그렇게 해서 이 책의 저자들(당시 졸업생 미래 대응 센터 책임자였던 크리스털과 그녀가 이 일을 위해 영입한 심리학자 그렉)이 일에 착수하게 된 것이다.

크리스털은 먼저 '듣기 투어'부터 시작했다. 그녀는 2015년에 수백 명의 고용주와 대학 동문, 업계 지도자들을 만나 다음과 같은 질문을 던졌다.

- 미래 대응의 의미를 무엇이라고 생각하는가?
- 불확실한 미래에 잘 적응하려면 무엇이 필요한가?
- 당신과 당신의 분야에서 갈수록 중요해지는 기술은 무엇인가?

크리스털은 사람들의 대답을 듣고 깜짝 놀랐다.

한 지역 은행의 최고 재무 책임자는 이렇게 말했다. "제가 생각하는 미래 대응은 마음가짐입니다. 변화를 수용하고 자신의 학습과 성장에 투자해야 합니다. 자기가 뭘 배우든 금세 쓸모없어질 거라는 사실을 기억해야 합니다."

한 글로벌 엔지니어링 회사의 전무 이사는, "미래는 어떤 모습일까요? 제가 보기에 세계는 초경쟁적으로 변하고 있습니다. 세계 곳곳에 수많은 불확실성이 도사리고 있고 모호한 부분도 너무나 많습니다. 소프트 스킬은 매우 중요하며 아무리 강조해도 지나치지 않다고 생각합니다."라고 했다.

"옛날에는 소프트 스킬이 없어도 취직이 가능했기 때문에 일을 하는 과정에서 그런 기술을 익히는 경우가 많았습니다. 하지만 이제는 적절한 소프트 스킬이 없으면 첫 직장도 구하지 못할 것입니다."라고 한 인사 책임자가 답하기도 했다.

크리스털은 고용주들로부터 사회 정서적 역량을 중시한다는 피드백을 되풀이해서 들었다. 그런데 이런 기술이 직장에서 이토록 중요했던 적이 없었음에도 요즘 직장인들은 소프트 스킬을 등한시한다.

크리스털은 300명이 넘는 고용주들을 인터뷰하거나 조사하는 과정에서 갈수록 중요해지고 있는 역량의 대부분이 전통적으로 학교에서 가르치던 것들이 아니란 사실을 알게 되었다. 기업은 호기심, 공감, 회복 탄력성, 기업가적 사고, 통찰력, 정서적 감각처럼 인간이 아니면 가질 수 없는 독특한 자질들을 원했다. 또한, 이런 능력이 변화와 배움을 포용할 줄 아는 유연한 성장형 사고방식으로 이어질 거라 믿어 의심치 않았다.

학생들이 미래 대응 기술을 개발하는 법을 가르치는 강의를 들을 수 있었다면 문제가 쉽게 해결되었을 터다. 그러나 대학에는 마음가짐을 변화시키고 사회 정서적 역량을 길러줌으로써 미래에 대비할 수 있게 도와주는 강의가 부재했다.

어쩔 수 없이 밑바닥부터 하나하나 쌓아 올리는 수밖에 없었다. 목표는 미래에 대비해 연간 7천 명의 학생들에게 사회 정서적 능력을 가르칠 수 있는 대규모 학과를 개설하고 건전한 마음가짐과 믿음의 기초를 다지는 것이었다.

크리스털은 괴테Goethe의 말을 빌려 "아이들이 부모에게서 받아야 하는 게 두 가지 있습니다. 바로 뿌리와 날개입니다."라고 하며 이 프로젝트에 '뿌리와 날개'라는 이름을 붙였다. 여기서 '뿌리'는 '나는 누구인가? 내 강점, 가치관, 발전 영역은 무엇인가?'에 대한 내용을, '날개'는 '세상일에 잘 참여하고 공헌할 수 있는 가장 좋은 방법은 무엇인가?'에 대한 내용을 담고 있다고 보면 된다.

2015년 10월, 첫 제안 후 두 달도 안 되어 1천만 싱가포르달러(약 86억 원)의 지원금이 확보되었고 대학 측은 크리스털의 프로젝트에 51명의 인원을 투입하도록 승인했다. 팀원 모두가 미래에 대비한 노력에 동참하고 있었다. 크리스털은 고위 임원들에게 2016년 1월 안에 프로그램이 시작될 것이라고 약속했다. 그런데 한 가지 문제가 있었다. 커리큘럼이 아직 마련되지 않았던 것이다. 게다가 적당한 교사도 없었다.

10월의 어느 화창한 목요일 오후, 크리스털은 어둑어둑한 토끼 사육장 같은 심리학과 건물을 돌아다니고 있었다. 그녀의 손에는 지시 사항이 적힌 종이가 쥐어져 있었다. 몇 번이나 엉뚱한 곳에서 방향을 틀던 크리스털은 우연히 마주친 연구원 두 명의 도움을 받아 이 대학에 마음챙김 심리학이라는 과목을 개설한 마음챙김 및 임상 심리 전문가 그레고르 랭 박사의 사무실에 도착했다.

책 무더기 뒤에 파묻혀 있던 깡마른 독일인 학자 그렉은 싱가포르 젊은이들의 미래를 위해 추진하는 원대한 사업을 설명 중인 크리스털의 말에 참을성 있게 귀를 기울였다. 크리스털은 고용주들의 피드백과 '뷰카^{VUCA}(뷰카에 대한 내용은 파트 1의 내용을 참고하기 바란다) 세계'의 놀랍고도 새로운 환경에 관해 이야기했다. 그렉의 눈이 반짝반짝 빛나는 것 같았다. 바로 그때 크리스털은 그렉 박사가 마음챙김에 관심이 있다는 걸 떠올렸다.

"박사님이 마음챙김을 가르쳐주세요. 전 마음챙김이 이 프로젝트에서 추구하는 모든 사회 정서 지능 작업의 토대라고 믿어요."

갑자기 그렉의 얼굴이 활기를 띠었다.

"난 말도 안 되는 꿈을 하나 갖고 있어요." 그렉은 눈을 빛내면서 생각에 잠겨 중얼거렸다. "예전부터 늘 마음챙김 교과서를 써서 해마다 300명의 학생들에게 배포하고 싶다고 생각했죠."

"그거 좋네요. 우리에겐 3천 명의 학생이 등록되어 있으니 당장 다음 주부터 시작할 수 있어요." 크리스털은 그렉이 말한 세부 사항을 담은 문자 메시지를 팀원에게 보내면서 말했다.

그 후 두 달 동안 크리스털과 그렉은 신속하게 모집한 심리학자팀과 함께 세계 최초의 대규모 미래 대응 계획을 마련하기 위해 고군분투했다. 카메라와 삼각대, 녹음기를 들고 세계를 돌아다니면서 성장형 사고방식 이론을 개척한 캐롤 드웩Carol Dweck 교수, 일찍부터 신경 과학 및 두뇌 트레이닝에 지지를 보낸 댄 시겔Dan Siegel 박사, 긍정 심리학과 신경 과학 전문가인 릭 핸슨Rick Hanson 박사, 직업 교육 및 상담의 권위자인 리치 펠러Rich Feller 교수 같은 선구적인 사상가들을 만났다. 뿐만 아니라 구글Google의 107번째 엔지니어로서 마음챙김 프로그램을 개발하고 사회 정서적 리더십 프로그램인 서치 인사이드 유어셀프Search Inside

^{Yourself}를 설립한 차드 멩 탄^{Chade-Meng Tan} 같은 리더십 전문가도 만났다.

이렇게 수집한 지혜를 편집해서 뿌리와 날개 프 로그램에 통합시켰고 심리학, 신경 과학, 리더십 분야의 연구를 이용해 내용을 보강했다.

커리큘럼을 만드는 동안 학생 수천 명을 하나의 과목에 등록시키기 위한 실행 계획을 고심했다. 우선 팀원들은 대규모 수업을 할 수 있을 만큼 큰 장소부터 물색했다. 크리스털은 학적과에 등록 시스템을 만들 수 있게 도와달라고 요청했다. 수업 규모가 너무 커서 교통 관리도 문제였고, 뿌리와 날개 수업에 참여할 것으로 예상되는 학생 수에 대비해 대학 버스 노선도 수정해야 했다.

마침내 2016년 1월 중순에 운명의 날이 왔다. 학생 120명이 참여한 첫 수업은 나무로 된 바닥과 높은 천장, 녹음이 우거진 캠퍼스가 내려다보이는 유리 벽, 아름답게 빛나는 조명이 있는 아틀리에에서 열렸다. 뿌리와 날개 프로그램 관리자이자 팀의 전속 DJ가 흥겨운 댄스 음악을 틀었다. 이름표를 만지작거리던 학생들은 다른 학부에서 온 낯선 사람들과 함께 바닥에 놓인 쿠션에 앉으라는 지시를 받았다. 다들 지금껏 들었던 그 어떤 수업과 다른 기묘하고 새로운 형태의 워크숍에 호기심을 품고 있었다. 무대 뒤에서는 그렉이 대사를 연습하며 서성이고 있었다. 크리스털이 마이크를 들고 달려왔다.

"1분 후에 시작할 거예요." 크리스털이 말했다.

"좋아요. 난 마이크는 필요 없어요." 그렉은 그녀 손에 들린 마이크를 보며 대답했다.

"정말요? 뒤쪽에 앉은 사람들은 목소리가 잘 안 들릴 텐데요." 크리스털이 말했다.

"아뇨. 전 괜찮을 겁니다." 그렉은 자신만만하게 웃었다.

드디어 첫 번째 워크숍이 시작되었다. 어떤 부분은 진행이 원활했다. 학생들은 수업 사이사이에 틀어준 짧은 동영상을 좋아했다. 또, 서너 명씩 무리를 지어 자신의 희망과 꿈을 이야기하는 대화 시간도 마음에 들어 했다. 하지만 제대로 돌아가지 않은 부분도 있었다. 동굴 같은 형태의 방이라 그렉의 목소리가 잘 들리지 않았고, 그가 한 방향으로 몸을 돌릴 때마다 반대쪽에 있는 청중은 그의 말을 들을 수 없었다. 방 뒤쪽에는 꾸벅꾸벅 조는 학생들도 있었다.

크리스털은 단호한 목소리로, "다음 워크숍은 우리 둘이 같이 진행하고 마이크도 꼭 써야 할 것 같아요."라고 그렉에게 말했다.

그렉은 공동 진행자를 두는 부분을 달가워하지 않았지만 티를 내지 않기로 했다. 다행히도, 다음 워크숍은 눈에 띄게 달라졌다. 그렉의 심오한 심리학 전문 지식과 이런 기술을 직장에서 활용하는 방법에 대한 크리스털의 사례는 생각보다 자연스럽게 연결되었다. 실제 문제를 극복한 일화가 가미되니 심리학 이론이 한층 생생하게 살아났다. 마음챙김 수련을 할 때는 바쁜 하루 일과에 짧은 수련 시간을 끼워 넣는 방법에 대한 구체적인 조언과 팁이 뒤따랐다.

크리스털과 그렉은 함께 일해본 적이 없었지만, 크리스털의 다양한 기업 리더십 경험과 명확한 의사소통 방식이 그렉의 사려 깊은 심리학적 관점, 연구 경험, 학생들이 마음 놓고 속 이야기를 털어놓을 수 있게 하는 능력과 결합되어 강력한 조합을 이루었다.

워크숍은 긍정적인 피드백이 압도적으로 많았고, 시작한 지 한 달도 안 되어 프로그램에 참여하지 않았던 의대, 치대, 공공 정책 같은 학부의 학과장들까지 자기네 학생들을 참여시켜달라고 부탁하는 메일을 보냈다. 그 후 몇 년 동안 미국, 덴마크, 홍콩, 말레이시아, 필리핀, 카자흐스탄 등 세계 각지의 대학, 기업, 정부 기관에 자문을 제공하고 트레이닝 프로그램을 도입했다.

많은 사람들이 이 프로젝트에 참여하길 원했지만 시간적 여유가 없는 경우가 많았다. 그리하여 이런 바쁜 직장인들을 염두에 두고 이 책을 쓰게 되었다. 이 책은 현대 사회에서 성공과 행복의 근간이 되는 가장 강력하고 밀접한 관련성을 지닌 휴먼 스킬 목록에 초점을 맞추어 서술되었다.

끊임없이 변화하는 혼란스럽고도 멋진 신세계에서는 우리가 배워왔던 낡은 규칙이나 사고방식이 더 이상 통용되지 않는다.

전기의 발견이 현대인의 삶을 새롭게 정립한 것처럼 지금 우리는 인공 지능, 자동화, 로봇 공학이 우리의 삶을 변화시키는 이른바 4차 산업 혁명 시대에 살고 있다. 전 세계의 기업들은 인간을 일상적인 업무에서 해방시키는 기계 학습 소프트웨어와 자동화 전략을 시행하고 있다. 이로 인해 위협받는 건 업무 자동화로 위험에 처한 공항 검사대 직원이나 슈퍼마켓 계산원뿐만이 아니다. 전통적으로 명망 높은 직업으로서 인정받던 분야 또한 공격받고 있다.

컨설팅 회사 맥킨지McKinsey는 2017년도 보고서에서 월 스트리트 일자리의 60퍼센트가 인간의 지능을 모방한 인공 지능과 기계 학습 소프트웨어 때문에 큰 영향을 받을 것으로 추산했다. 대표적인 예로 의료 분야를 들 수 있다. 이미

전 세계 수술실은 로봇에 점령당했으며, 향후 몇 년 안에 의사 없는 병원까지 등장할 것으로 전망된다. 아무리 경험 많은 의사라도 컴퓨터만큼 방대한 양의 데이터를 머릿속에 넣고 다닐 수는 없다. 법학 분야도 마찬가지다. 20년 전이라면 서류 더미를 수동으로 검토하는 대가로 고객들이 변호사에게 큰 비용을 지불해야 했지만 오늘날에는 기술을 활용해 훨씬 적은 비용과 시간을 들여 같은 일을 해낸다.

진로 지형은 예측이 불가능할 정도로 빠르게 변하고 있다. 그러므로 현재 초등학교에 다니는 아이들 대다수는 지금으로서는 존재하지도 않는 직업이나 우리가 상상조차 해보지 못한 새로운 직업을 갖게 될 것이다.

지금 직장에 들어간 사람들도 예외는 아니다. 과거의 어떤 세대보다 오래 살고(100세 이상까지), 더 오래 일하고, 직장 생활에서 여러 가지 변화를 겪게 될 것이다.

당신이 어떤 직업을 택하든 이런 급격한 변화에 대처할 수 있는 심리적 유연성과 능력이 반드시 필요하다. 우리는 새로운 환경에 계속 적응하면서 요구에 대처하고, 꾸준히 배우면서 스스로를 재창조해내야 한다.

졸업식 때 각모를 공중에 던지면서 배움을 끝내던 시절은 지났다. 예전에 배운 것들은 현재에 무용지물이 될 수 있으며 이것이 무한 반복되는 데 익숙해져야 한다.

지금까지 일구어낸 기술의 발전에도 불구하고 인간에게 유리한 영역이 분명히 있을 거라고 믿는다. 인간은 신뢰를 갈망하고 다른 사람들과 깊은 관계를 맺기를 바란다. 인간은 창의력을 발휘해서 겉보기에 단절된 듯한 정보 사이의 점을 연결할 수 있다. 우리는 직관과 정서 지능을 이용해 자신과 다른 사람, 그리고 상황을 감지할 수 있다. 이 책은 '휴먼 스킬Human Skill'이라고 부르는 강력한 사회 정서적 능력에 초점을 맞추고 있다. (이 책은 두 사람이 공동으로 집필했기 때문에 종종 둘 중 한 명만 경험한 특정한 일을 이야기하면서 그게 누구의 경험인지 명시하지 않은 부분이 있다. 이는 원활한 독서 경험을 위한 것이니 양해 바란다.)

앞으로 당신이 배우게 될 내용은 미래 대응 리더십 프로그램에서 날마다 가르치는 것과 같은 개념이다(참고로, 전 세계의 내로라하는 기업들이 이 프로그램에 수십만 달러를 지불하고 있다). 이 책의 내용은 자기 인식을 발전시키고, 자신의 감정에 통달하며, 깊이 있는 진정한 관계를 맺고, 명확하게 의사소통하며, 잠재력을 최대한 발휘할 수 있게 해줄 것이다. 이 책에서 알려주는 휴먼 스킬을 잘 활용해 자신의 세상을 용기 있게 개척해나갈 수 있길 고대한다.

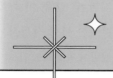

Part
01

디지털 파괴
Disruption

Part
01

어렸을 때 1970년대에 제작된 공상 과학 만화인 〈우주 가족 젯슨The Jetsons〉을 보면서 미래에 펼쳐질 광경을 꿈꾸곤 했다. 행복한 총천연색 미래에 사는 젯슨 가족은 투명한 덮개가 달린 소형 우주선을 타고 날아다녔다. 아침 식사가 자판기처럼 생긴 기계에서 나오며, 모든 가정에 신나게 청소를 하고 케이크를 굽는 친절한 가정부 로봇이 있었다. 당시만 해도 미래에는 로봇과 인공 지능AI이 인간을 대신해서 일하고, 우리 인간은 여유롭게 유토피아를 누릴 수 있으리라고 생각했다. 하지만 막상 기대하던 미래에 와보니 성인들은 직장에서 그 어느 때보다 심한 스트레스에 시달리고, 일과 생활의 균형, 즉 워라밸(워크 앤드 라이프 밸런스) 문제도 유례없이 심각하다. 실제로 세계 보건 기구WHO에서는 번아웃Burnout을 공식적인 직업적 현상으로 인정했을 정도다.

미디어에는 자동화와 인공 지능 때문에 일자리를 빼앗기거나 일자리가 아예 사라졌다는 소식, 안정적으로 운영되던 기업이 새롭게 등장한 경쟁 대상으로 인해 하루아침에 문을 닫았다는 소식 등 기술 발전으로 인해 혼란에 빠진 현실과 관련된 뉴스가 넘쳐난다. 이런 뉴스를 접하다 보면 로봇, 인공 지능 등의 과학 기술이 인간에게 미칠 영향에 대한 불안과 우려가 당연히 생길 수밖에 없다. 우리는 직장에서 계속 쓸모 있는 존재로 남을 수 있을까? 과연 로봇은 우리의 친구가 될까, 아니면 적이 될까?

오늘날 가장 규모가 큰 미디어 회사인 페이스북Facebook은 콘텐츠를 생산하지 않는다. 세계 최대의 숙박 업체인 에어비앤비는 부동산을 소유하고 있지 않다. 우리의 낡은 생각들은 예상치 못한 글로벌 혁명에 휩쓸려 사라지고 있으며, 현재 아이들이 학교에서 배우는 내용이 졸업할 때쯤 되면 쓸모없는 게 되어버릴 수도 있다. 세계 경제 포럼은 2022년까지 직장인 1인당 101일간의 재교육 및 숙련도 향상 과정이 필요할 것이라고 전망했다.

이와 같이 급속한 변화를 따라가는 일은 상당히 힘들다. 현재 우리가 정보를 받아들이고, 정보를 처리하고, 정보에 적응해야 하는 속도는 인류가 기존에 경험해본 속도를 훌쩍 뛰어넘었다. 그래서 진화하는 데 수천 년이 걸리는 우리의 불쌍한 두뇌는 변화를 따라가느라 애를 먹고 있다. 또, 우리에게는 변화를 싫어하는 생존 메커니즘이 내재되어 있는 까닭에 두려움에서 비롯된 복잡한 문제가 발생하기도 한다.

예로부터 인간은 새로운 것을 두려워했다. 먼 옛날에는 새로운 포식자나 경쟁자, 질병이 나타나면 곧바로 죽은 목숨이 될 수도 있었다. 뿐만 아니라 비교적 최근에도 새로움은 여전히 인간을 위협하는 존재였다. 일례로, 산업 혁명기의 방직공들은 기계식 방직기라는 새로운 발명품 때문에 실업자가 될 위기에 처하자 자동화 기술에 저항해 폭동을 일으켰다. 하지만 그 후에 예상치 못한 일이 벌어졌다.

이 새로운 기계는 방직공을 쓸모없는 존재로 만들기는커녕 오히려 소비자 수요를 증가시켜서 패션이라는 새로운 분야의 산업을 만들어냈다. 예전처럼 몇 벌 안 되는 옷을 닳아빠질 때까지 입는 게 아니라, 옷을 여러 벌 소유할 수 있는 금전적 여유가 생긴 사람들을 유혹하는 패션 산업이 탄생한 것이다. 그러자 공장에서는 기계를 다룰 줄 아는 사람과 기계가 하지 못하는 일을 처리하는 사람 등 더 많은 인력이 필요하게 되었다. 결국 해당 세기가 끝날 무렵 공장에서 일하는 방직공의 수는 폭동이 일어났을 당시보다 네 배나 많아졌다.

그러나 방직공들은 변화를 받아들이기 힘들었다. 그들은 새로운 기술을 배우고, 낡은 습관을 버리고, 신기술을 이용해서 일하는 데 적응해야 했다(기계를 때려 부수는 일도 물론 멈추어야 했다). 오늘날 신기술을 두려워하는 사람을 '러다이트Luddite'라고 부르는데, 이 말은 기계에 항의하는 방직공들을 이끈 러다이트라는 사람의 이름에서 유래한 것이다. 현재의 우리 또한 당시의 방직공들처럼 가파른 기술 수용 곡선을 마주하고 있다. 흔히들 4차 산업 혁명이라고 하는 인공 지능, 디지털화, 와해성 기술의 시대를 맞아 우리 모두는 새로운 기술과 사고방식을 익혀야 한다.

로봇이 우리 일을 대신할 날이 머지않았다는 건 다들 잘 알 것이다. 머리를 쓸 필요가 없는 단순 반복 작업뿐만 아니라 채용, 개인 건강 관리, 인공 지능 기반 교육 같은 분야에서도 이런 변화가 나타나고 있다.

하지만 이 변화가 어디에서 어떤 식으로 지속될 것인지는 아직 알 수 없다. 상황이 정리되고 나면 인공 지능과 로봇 때문에 우리 사회에 필요한 은행원이나 변호사의 수가 줄어들까, 아니면 늘어날까? 이를 판단하기는 아직 이르다.

전문가들도 의견이 분분하다. 어떤 사람은 똑같은 일을 하는 데 필요한 인력이 줄어서 실업률과 불완전 고용률이 높아지고 빈부 격차가 크게 벌어질 것이라고 주장한다. 그런가 하면 서비스 비용이 저렴해진 덕에 특정 분야의 수요가 늘어나거나 인공 지능이 더 많은 일자리를 창출할 수 있다고 주장하는 이들도 있다. 참고로, 일론 머스크^{Elon Musk}는 인공 지능이 세상을 장악하면 인간에게 보편적 기본 소득이 필요해질 것이라는 쪽에 내기를 걸었다. 결국 모든 전문가가 동의하는 사실은 두 가지뿐이다.

미래를 예측할 수 있는 사람은 아무도 없고, 세상은 갈수록 뷰카(VUCA)화되어가고 있다는 것.

파괴적 혁신에 관한 논의가 시작될 무렵인 몇 년 전에는 업계의 몇몇 리더와 미래학자들이 미래의 풍경을 묘사하기 위해 사용하던 뷰카라는 두문자어가 생소한 단어였다. 뷰카는 변동성 Volatile, 불확실성 Uncertain, 복잡성 Complex, 모호성 Ambiguous 이라는 네 가지 과제를 가리키는 말이다.

뷰카는 냉전이 종식된 후 미군이 작전을 설명하기 위해 처음 만든 것이지만, 이제는 기업들이 빠르게 변화하는 시장에서 살아남기 위해 고군분투하는 비즈니스 세계에서 흔히 쓰이는 말이 되었다. 일터와 정치 지형, 그리고 인간관계에서도 우리 삶은 점점 더 뷰카화되고 있다.

우리를 기다리고 있는 도전적인 미래를 뷰카라고 부르건(이 책에서는 그렇게 부를 예정이다) 파괴적 미래 혹은 4차 산업 혁명이라고 부르건 상관없이, 뷰카는 변화 속도가 기하급수적으로 증가하는 세태를 의미한다. 그리고 이번만큼은 기계를 때려 부수는(!) 길을 선택할 수 없다. 기술은 경쟁자가 아니다. 인공 지능과 로봇 공학은 재미없고 기계적인 일에서 인간을 해방시켜줄 것이다.

미래 사회에는 어떤 직업이 안정적일까?

2018년 유명한 인공 지능 전문가 리카이푸Lee Kai-Fu는, 인공 지능이 수행하게 될 미래의 일들은 주로 최적화 기반의 작업이라고 했다. 최적화 기반의 작업은 데이터를 이용해서 문제를 해결하거나 낮은 수준의 정서 지능, 동정심을 필요로 하는 트럭 운전, 설거지, 기초적인 번역 등을 가리킨다.

한편, 리카이푸는 창의성, 전략에 의존하거나 높은 수준의 정서 지능, 동정심이 필요한 사회적 직업은 인공 지능의 공세 앞에서도 비교적 안전하다고 했다. 리카이푸의 이론에서는 창의성, 전략, 정서 지능이 필요한 직업을 인간의 손길이 반드시 필요한 '안전지대'로 판단했다. 이 분야에 속하는 일자리로는 사회 복지사나 최고 경영자CEO 등이 있다.

정서 지능이 필요하면서도 최적화를 바탕으로 하는 일자리는 '인간 베니어Human Veneer'가 수행하게 될 것이다. 계산 작업은 기계가 하지만 인간이 고객을 위한 사회적 접점 역할을 함으로써 인간과 기계의 공생 관계를 이끌어내는 것이다. 바텐더나 의료인이 여기에 해당된다.

창의력이나 전략은 필요하지만 사회 정서 지능은 필요 없는 직업군은 '느린 전개' 영역이라고 부른다. 앞으로 기계의 독창력과 적응력이 개선되면 여기서도 인공 지능이 서서히 인간을 대신하게 될 것이다. 초보 그래픽 디자이너나 하급 연구 분석가 등이 그런 경우다.

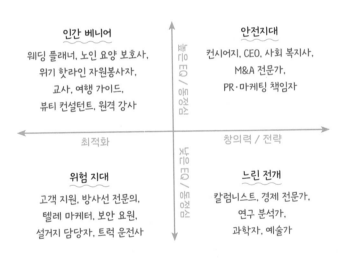

인간 베니어
웨딩 플래너, 노인 요양 보호사,
위기 핫라인 자원봉사자,
교사, 여행 가이드,
뷰티 컨설턴트, 원격 강사

높음 EQ / 사회성

안전지대
컨시어지, CEO, 사회 복지사,
M&A 전문가,
PR·마케팅 책임자

최적화

창의력 / 전략

낮음 EQ / 사회성

위험 지대
고객 지원, 방사선 전문의,
텔레 마케터, 보안 요원,
설거지 담당자, 트럭 운전사

느린 전개
칼럼니스트, 경제 전문가,
연구 분석가,
과학자, 예술가

＊ 리카이푸의 이론 참조

미래 직업의 주안점

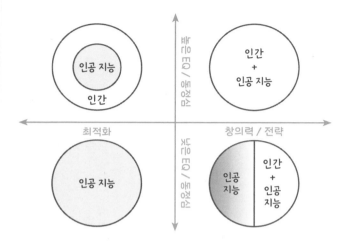

* 리카이푸의 이론 참조

    창의성과 전략이 필요 없고 사회 정서 지능도 필요 없어서 가장 심각한 위험에 처한 분야를 '위험 지대'라고 한다. 이 부류에 속하는 보안 요원이나 텔레 마케터 등은 지금 당장이라도 기계로 대체될 위험이 있다.

    이런 리카이푸의 의견에 전적으로 동의하며, 번영을 위한 최선의 전략은 근본적인 인간성에 초점을 맞추는 것이라고 생각한다. 우리 인간들이 독특한 이점을 가지고 있는 기술을 강화하고 다듬어나가는 이것이 바로 '휴먼 스킬Human Skill' 방식의 핵심이다. 바꾸어 말하면, 자신의 계산 능력으로 기계나 인공 지능과 경쟁하는 게 아니라, 정서 지능이나 직관력, 영적 지혜라는 인공 지능에 비길 데 없는 힘을 발휘하는 데 집중할 수 있는 놀라운 기회가 생긴 것이다.

이 책에서 알려주는 휴먼 스킬은 더욱 뛰어난 학습자가 되기 위한 기본 토대인 자기 인식 능력을 키워줄 것이다. 궁극적으로는 급변하는 세상에 잘 적응하는 방법을 배울 수 있게 해줄 것이다.

일단 처방에 앞서 뷰카 세계에 도사리고 있는 문제부터 살펴보고 이해해보자. 미래 세계에서 우리에게 가장 큰 위협을 가하는 대상은 뱀이나 호랑이, 전염병이 아니라, 흔히 4D라고 하는 주의 산만Distraction, 관계 단절Disconnection, 다양성 부족Lack of Diversity, 끝임없는 행위Doing다.

≡	×
주의 산만	

예전에 대학생들을 가르칠 때, 전체 학생을 세 개 그룹으로

나누어서 미래에 대한 그들의 희망과 두려움을 이야기하는 워크숍을 진행하곤 했다. 그리고 이 과정에서 놀라운 사실을 알게 되었다. 개인적인 욕구와 목표를 이야기할 때는 주제가 매우 다양했는데, 걱정거리를 이야기할 차례가 되자 중심이 되는 한 가지 주제가 계속해서 다시 언급되었다. 함께 대화를 나눈 학생들 가운데 절반 이상이 인생에서 원하는 것을 성취하는 데 집중하지 못하는 게 가장 두렵다고 말했다. 이런 그들의 우려는 그런대로 타당한 이유가 있다.

사람들로 붐비는 공공장소에서 주변을 슬쩍 둘러보기만 해도 디지털 기기로 인한 주의 산만 문제가 풍토병처럼 증가하고 있다는 걸 알아차릴 수 있다. 휴대 전화와 다른 스마트 기기들이 우리의 인지 능력을 저하시키고, 주의력 자원을 고갈시키고, 대인 관계에 부정적인 영향을 미친다.

샌프란시스코에서 열린 한 콘퍼런스에서 무서운 사실을 깨달았다. 만찬 리셉션장에서 동료 발표자들과 어울리던 중에 유명 IT 회사의 고위직 임원들과 대화를 나누게 되었다. 새우 요리를 담은 접시와 와인 잔, 그리고 휴대 전화를 양손에 들고 떨어뜨리지 않으려고 애쓰면서 기술계의 거물들이 가장 두려워하는 게 뭔지 물어보았다. "제가 두려워하는 건 이미 여기 있습니다." 그들 중 한 명이 대답했다. "우리가 만든 기술이 그걸 작동시키기 위해 필요한 인간의 의식보다 훨씬 빨리 진화했다는 사실이 겁이 납니다."

그 콘퍼런스에서 강연한 이들 중에 구글의 디자인 윤리학자로 일했던 트리스탄 해리스Tristan Harris도 있었다. 해리스는 자칭 '인간의 심리적 취약성을 이용한 기술에 관한 전문가'다. 그의 독특한 기술은 젊은 시절 마술사로 일했던 경험을 통해 얻은 것이다. 해리스는 사람들의 인식의 사각지대, 가장자리, 취약점, 한계를 찾아내 그들이 알아차리지 못하는 사이에 행동에 영향을 미치는 방법을 배웠다. 기업들이 이런 역할을 하는 사람을 고용한다고 생각하면 불안한 마음이 들지만, 한편으로는 매우 일리 있는 일이기는 하다. 해리스의 말처럼, 일단 사람들의 마음을 움직이는 방법을 알게 되면 그들을 원하는 대로 들었다 놓았다 할 수 있기 때문이다. 이후 해리스는 구글을 그만두고 기술의 발전과 인류의 안녕을 조화시키는 것을 목표로 하는 비영리 단체인 인도적 기술 센터Center for Humane Technology를 설립했다.

제품 디자이너들이 우리의 정신을 상대로 하는 일도 이와 비슷하다. 그들은 중독 과학에서 파생된 기술을 이용해 우리의 취약점을 파악하고 이를 통해 자신들의 제품에 우리를 끌어들인다. 아침에 일어나 휴대 전화를 확인했을 때 화면에 가득 떠 있는 알림은, 영리 기업들이 우리가 놓친 것들에 관심을 집중시켜서 그들의 제품과 플랫폼으로 유인한 다음 유용한 개인 정보를 확보하기 위해 보낸 것이다. 그리고 이는 1800년대 후반부터 존재했던 단순한 발상이 그대로 발전해서 지금껏 반복되고 있는 것이다.

슬롯머신을 떠올려보자. 슬롯머신은 전형적인 심리학적 원칙에 기초한 물건이다. 간헐적인 가변적 보상은 중독을 야기하고, 중독성은 보상률 변동이 가장 심할 때 극대화된다. 불빛, 빙빙 돌아가는 휠, 레버가 딸각 하는 소리, 스테인리스 트레이에 동전이 떨어지면서 나는 쨍그랑거리는 소리 등 모든 것이 감각적인 보상이다. 무엇보다 그 효과가 아주 크다. 나타샤 다우 셜Natasha Dow Schull 뉴욕대 교수의 추정에 따르면, 사람들이 슬롯머신에 심하게 중독되는 속도는 다른 도박 종류에 비해 서너 배나 더 빠르다고 한다.

지금까지 만들어진 것 가운데 가장 효과적인 슬롯머신이 옆에 있다고 가정해보자. 바로 스마트폰 이야기다.

해리스는 자신의 에세이에서 중독성 있는 기술의 이면에 도사리고 있는 과학과 관련해 다음과 같이 썼다.

우리는 주머니에서 스마트폰을 꺼내 어떤 알림을 받았는지 보려고 슬롯머

신을 돌린다. 이메일 새로 고침은 어떤 메일이 새로 들어왔는지 확인하려고 슬롯머신을 돌리는 것이다. 손가락을 움직여 인스타그램(Instagram) 피드의 스크롤을 올리는 일은 다음에 어떤 사진이 나오는지 보려고 슬롯머신을 돌리는 것이다. 틴더(Tinder) 같은 데이트 앱에 등록된 사진을 좌우로 넘겨보는 건 자신에게 어울리는 사람을 찾으려고 슬롯머신을 돌리는 것이다.

스마트폰은 지금까지 보지 못한 엄청난 규모의 집단 기술 중독이라는 새로운 현상을 육성하고 있으며, 이는 우연이 아니다.

지금 이 시간에도 세계적인 군비 경쟁은 계속되고 있다. 다만, 싸움의 주체가 국가가 아니라 대기업들이고, 그들이 원하는 건 세계에서 가장 가치 있는 상품인 우리의 시간과 관심이다. 이걸 제외한 나머지, 즉 우리의 신체적, 정신적, 정서적 건강이나 인간관계, 그리고 대학생들이 두려워했던 목표와 꿈 같은 건 전혀 고려하지 않거나 설사 고려하더라도 아주 미미한 수준에 불과하다.

몇몇 나라는 이런 상황에 반발하기 시작했다. 2018년 프랑스는 학교에서 스마트폰과 태블릿 사용을 법으로 금지했다. 프랑스 교육부 장관 장-미셸 블랑케르Jean-Michel Blanquer 는 "오늘날 스크린 중독, 잘못된 휴대 전화 사용 현상이 심각하다는 사실을 알고 있다. 어른들은 어린이와 청소년을 보호해야 할 의무가 있으며, 이는 교육의 근본적인 역할이기도 하다. 이 법은 교육이 제 기능을 할 수 있도록 도와줄 것이다."라며 법 제정의 취지를 분명히 했다. 그러나 이런 유의 대규모 제재는 일부 국가에서만 드물게 보인다. 지금으로서는 디지털 주의 산만의 조류를 상대하는 일을 각자 해결할 수밖에 없다. 디지털 주의 산만에 본격적으로 맞서 싸우기 전에 먼저 그 위험성에 대해 정확히 파악해보자.

이 문제를 매우 우려하는 페이스북 설립자 숀 파커^{Sean Parker}는 소셜 미디어에서 자신을 '양심적인 거부자'로 규정하고 있다. 그는 악시오스^{Axios} 행사에서 다음과 같은 말을 하기도 했다.

"페이스북을 처음 만들었을 때처럼 다른 애플리케이션을 개발할 때 역시 '앱 사용자들의 시간과 의식적인 관심을 어떻게 최대한 활용할 것인가?'에 대해 고민하는 사고 과정을 거친다. 앱 사용자들은 자신이 올린 사진이나 게시물에 좋아요나 댓글 같은 주기적인 도파민 자극이 필요하다. 이는 인간 심리의 취약한 부분을 건드리는 나 같은 해커들이 이용하는 사회적으로 검증된 피드백이다."

대중들의 심각한 주의 산만 위기가 정점에 달한 지금, 우리는 양자택일의 기로에 서 있다. 나의 시간과 관심을 오롯이 홀로 차지할 것인가? 아니면 깜빡이는 불빛 몇 개와 더블 탭^{Double Tap}(화면을 빠르게 두 번 두드리는 것 - 옮긴이)을 대가로 귀중한 시간과 관심을 남에게 내줄 것인가?

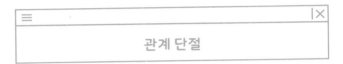

관계 단절

기술은 우리의 사생활도 바꾸고 있다. 우리는 다른 사람들과의 상호 작용보다 기계와의 상호 작용에 더 많은 시간을 할애한다. 젊은 세대는 '진짜' 대화보다 문자 메시지를 선호한다. 이들은 인터넷을 통해 전보다 훨씬 긴밀하게 연결되고 수백 명의 온라인 친구를 가지고 있다. 하지만 실제로는 외로움, 불안, 삶으로부터의 단절이라는 전염병을 알게 모르게 앓는 중이다. 청소년 폭력이 감소하는 추세이지만 고독, 불안, 우울증, 자살은 안타깝게도 급격히 증가했다. 관계 단절로 인한 피해는 우리 내면에서 발생하기 때문에 눈에 보이지 않는 경우가 많다. 심리학 연구에서 정신 건강에 영향을 미치는 가장 강력한 두 가지 요소로 개인적인 관계와 다른 사람들의 지지를 꼽음에도 불구하고, 우리는 관계를 유지하거나 의미 있는 관계를 맺는 능력을 점점 상실해 가고 있다.

대학 캠퍼스에 가면 학생들이 휴대 전화를 손에 들고 이어폰을 귀에 꽂은 채로 강의실을 이리저리 옮겨 다니는 모습을 쉽게 볼 수 있다. 심지어 밥을 먹는 동안에도 각자의 스마트 기기로 다양한 프로그램을 스트리밍하는 일을 멈추지 않는다. 캠퍼스를 돌아다니는 버스 내부도 이전보다 훨씬 조용해졌다. 승객들은 주변 사람과 대화를 나누기보다 자기 휴대 전화에만 열중한다. 이들의 사교 생활이 대부분 가상 세계에서 진행되어서인지 혼자인 상태에 대해 그다지 불만은 없어 보인다. 이런 경향은 비단 젊은 세대들에게만 국한된 것이 아니다.

하지만 페이스북이나 다른 소셜 플랫폼이 제공하는 겉만 번지르르한 유대감은 불량 식품과 비슷하다. 중독성 있고 재미있고 배도 부른 듯하지만 직접적인 접촉을 통해 얻을 수 있는 감정적 영양분을 대신하기에는 빈약하기 그지없다. 학생들 대부분이 페이스북으로 사귄 친구가 많다는 걸 인정하면서도 위기 상황에서 이 온라인 친구들에게 의지할 수 있다고 생각하지는 않았다. 한 공대생은 이런 말을 하기도 했다. "전 페이스북 친구가 1천 명쯤인데요. 만약 새벽 세 시에 유치장에 갇혔는데 마침 부모님도 부재 중인 상황에서 페이스북 친구를 부를 수 있을지는 잘 모르겠어요." 그의 이야기를 듣던 다른 학생들 또한 동의한다는 듯 고개를 끄덕였다. 이들 모두 디지털 우정과 진정한 유대감은 다르다는 걸 인식하고 있었다.

1975년부터 미국의 10대들을 대상으로 데이터를 수집해온 미국 국립 약물 남용 연구소가 후원한 미래 모니터링 조사에 따르면, 스크린 활동에 평균 이상으로 많은 시간을 소비하는 10대들은 그렇지 않은 사람보다 불행할 가능성이 훨씬 높고, 소셜 미디어를 많이 이용하는 사람들은 우울증을 앓을 위험성이 증가한다. 그리고 그 반대도 사실이다. 실생활에서 친구들과 평균 이상으로 많은 시간을 보내는 10대들과 운동을 하는 사람들은 행복도가 높고 우울감은 낮다. 그러나 관계와 단절 사이에서 균형을 이룬다는 건 말처럼 쉬운 일이 아니다. 학생들과 대화를 나누어본 결과, 그들은 휴대 전화가 자신의 행복에 미치는 영향을 통렬하게 의식하고 있다는 사실을 알아냈다.

어떤 학생은 공부를 하려고 휴대 전화를 비행기 모드로 해놓았다가 벌어진 웃지 못할 해프닝에 대해 들려주기도 했다. 그 학생의 어머니가 딸과 연락이 되지 않는다며 무슨 일이 생긴 건 아닌지 난리가 났었고, 휴대 전화 모드를 원상복구했더니 친구들에게서 무슨 일 생겼냐, 스냅 채팅에 왜답이 없냐, 그녀를 태그한 사진에 왜 좋아요를 누르지 않냐, 혹시 자기를 차단한 거냐, 하는 등의 메시지가 스무 통이나와 있었다고 불평했다. 몇 시간 동안 디지털 영역에서 벗어나기로 한 결정이 귀찮은 사회적 비용을 초래한 것이다.

실제적인 관계가 꾸준히 디지털 관계로 대체되고 외로움과 우울함이 고조되는 초연결 시대에 사는 우리는 선택이 불가피하다. 내 몸과 마음, 정신이 필요로 하는 직접적인 개입과 관계를 우선시할 것인가? 아니면 디지털 대용물과 그에수반되는 해로운 결과를 받아들일 것인가?

다양성 부족

기업들은 우리가 어떤 뉴스를 볼 것인지 통제하고, 알고리즘은 우리의 데이터를 필터링해 우리에게 어필할 것으로 예상되는 콘텐츠를 보여주면서 그들의 플랫폼에 장시간 머물도록 한다. 그 결과 분열과 단절이 증가했고, 심지어 견해가 다른 사람들과의 교류를 거부하는 일까지 생겼다. 2016년 〈월스트리트 저널〉은 블루 피드Blue Feed, 레드 피드Red Feed 라는 애플리케이션을 만들었다. 이 앱은 동일한 이슈에 대한 진보 진영과 보수 진영의 반응을 페이스북 뉴스 피드에 나란히 놓고 비교할 수 있도록 한 것이다. 그럼에도 사람들은 총기 문제건 정치 문제건 외교 문제건 상관없이 모든 주제에 대해 오로지 자기가 속한 집단의 기존 세계관과 일치하는 게시물만 보았다. 게다가 자신들의 이런 사고방식에 대해 문제의식조차 느끼지 않았다.

이와 같은 동족 사고는 과거 인류에게 자연스러운 현상이었다. 과거에는 부족에서 추방당하면 죽는 게 거의 확실시되었고, 다른 부족원과 접촉하는 데에는 항상 위험이 도사리고 있었기 때문이다. 하지만 오늘날의 세상에서 과거와 같이 생명을 위협하는 위험에 직면할 가능성은 낮다. 그리고 다양한 시각과 이야기를 지닌 '다른 부족'의 세계를 탐구할 수 있는 기회가 어느 때보다 무한하다.

인터넷은 아이디어를 교환할 수 있는 글로벌 플랫폼을 제공하고, 애플Apple, 구글 같은 거대 기업들은 재빨리 정보를 수집하며, 저가 항공사들은 일반 대중들이 여행을 다닐 수 있게 해준다. 가상 회의와 워크플로^{Workflow} 플랫폼이 다문화 협력 시대를 발전시켜, 상하이부터 스톡홀름에 이르기까지 세계 각지에 사는 사람들로 구성된 프로젝트팀이 아주 흔한 존재가 되었다. 물론 이런 발전은 결과적으로 대단한 성과를 냈지만 이로 인해 발생한 문제점들도 적지 않다.

관점과 이야기의 다원성이 증가하면 의견과 태도가 더욱 양극화된다. 하지만 우리의 뇌는 기술만큼 빨리 진화하지 못했다. 우리는 다른 집단에 속한 사람들을 두 팔 벌려 환영하는 데 익숙하지 않다. 우리의 정신은 자기가 속한 집단으로 돌아가 편안하게 지내는 걸 선호하며, 특히 스트레스, 시간적인 압박, 선택의 횡포가 심할 때는 더욱 그렇다. 따라서 다른 관점을 이해하기 위해서는 많은 의식적인 노력이 필요하다.

다양한 이야기와 관점이 증가하고 거기에 접근할 수 있는 능력이 커지자 체계적인 변화를 요구하면서 특정 집단이 오랫동안 쥐고 있던 권력에 도전하는 일도 생겼다. 일례로, 평등 운동의 발흥은 요즘 같은 4차 산업 혁명 시대에도 여성, 소수 민족, 장애인이 여전히 직면하고 있는 괴롭힘과 차별에 한줄기 희망의 빛이 되어주고 있다.

흥미로운 점은, 인공 지능이 우리가 당면한 문제에 도움이 되지 않거나 사회 정의 구현을 위한 발전을 무효화시킬 수도 있다는 것이다. 최근 로이터 통신에 따르면, 아마존은 남성 지원자들을 선호하면서 스스로 성차별주의자가 되어 버린 인공 지능 시스템을 폐기했다고 한다. 기계 학습 도구를 개발한 연구팀이 이 시스템을 훈련시키는 데 사용된 편향된 데이터가 '여성'이라는 단어가 포함된 이력서를 불리하게 만들었다는 걸 알아낸 덕분이었다.

이는 인간이 만든 기계와 알고리즘은 특정한 (소수) 집단 혹은 대안적인 견해를 불리하게 몰거나 처벌하는 등의 조직적인 방법을 통해, 우리 인간의 약점, 편견, 인지 왜곡이 끝없이 되풀이되게끔 할 수 있다는 사실을 나타낸다.

인공 지능 알고리즘이 의도치 않게 편향되거나 오류가 나는 유사 사례는 쉽게 찾을 수 있다. 어두운 피부색을 포착하지 못하는 자동 손 세정기처럼 단순하게 짜증 나는 상황을 불러일으키는 것부터, 인구 통계학적으로 흑인들의 체포 사례가 더 많다는 걸 알려주는 데이터에 노출된 뒤 흑인에 대한 선입견을 드러내는 예측 감시 알고리즘처럼 위험한 것에 이르기까지 다양하다.

일견 이런 기계들은 우리 문화에 침투한 조직적인 편견을 반영하는 거울이며, 그 결과로 나타나는 변화 요구는 어떤 사람에게는 진보로 또 어떤 사람에게는 위협으로 느껴진다. 결국 휴먼 스킬을 사용해서 다양한 관점을 접할 것인지, 아니면 구석 자리로 물러날 것인지는 각자의 선택에 달려 있다.

인간의 발전을 금전적인 부나 우리가 만든 기술적 진보를 기준으로 판가름하면 안 된다. 우리가 발전이라고 부르고 인정할 수 있는 진정한 인간의 발전은 모두가 평화롭게 살아가면서 지구촌에 존재하는 풍부한 다양성에 함께 관여할 수 있는지를 기준으로 측정해야 한다.

선택은 당신의 몫이다. 새로운 세계와 협력하면서 집단 내 사고방식, 문화적 고정 관념, 편견을 극복하기 위해 노력하고, 공감 능력을 키우며, 다양한 관점을 취하고, 공통의 가치관을 통해 다른 사람들과 밀접하게 연결될 것인가? 아니면 현상 유지라는 미명 뒤에 숨어 스스로 문을 걸어 잠글 것인가?

끊임없는 행위

전 세계 인구가 급증함에 따라 물리적으로나 정신적으로 지
구촌이 전례 없이 비좁아지고 있다. 지배적인 문화권에서는
양으로 승부해야 한다고 말하지만 우리가 할 수 있는 일과
어떻게든 성취해내야 하는 일에는 한계가 있기 마련이다.
우리는 온전한 인간Human Beings이 아니라 단순히 뭔가를 하
는 '인간 행위자Human Doings'가 되었다. 정신 상태 또한 지금
보다 더 어수선했던 적이 없었다. 오랫동안 아무것도 하지
않은 지 얼마나 되었는가? 지루하다는 생각을 마지막으로
한 건 언제인가? 무의식적으로 머리를 식힐 대상이나 오락
거리를 찾지 않은 지는 또 얼마나 되었는가?

　티모시 윌슨Timothy Wilson 교수 주도 아래 현대인들의 '아
무것도 하지 않기' 도전에 대한 연구가 이루어졌다. 여기에
참가한 사람들은 자리에 앉아서 아무것도 하지 않거나, 버튼
을 눌러 자신에게 가벼운 전기 충격을 가하는 선택권 두 가
지가 주어졌다. 이들 중 거의 절반은 아무것도 하지 않는 것
보다 차라리 스스로에게 전기 충격을 가하는 걸 택했다. (만
약 우리를 지켜보는 외계인들이 있어 이 모습을 목격했다면 어떻게

생각했을지 너무나 궁금하다. "음…… 다음 행성으로 넘어가자. 지구인들은 좀 미친 것 같아!"라고 하지 않았을까.)

이 연구에서 가장 흥미로운 부분은, 연구에 참가한 한 남자가 버튼을 200번 가까이 누르는 바람에 결과 집계에서 제외되었다는 것이다. 윌슨 교수는 BBC와의 인터뷰에서 '그 남자가 대체 무슨 생각으로 그런 행동을 했는지는 잘 모르겠다'고 했다. 하지만 곰곰이 생각해보면 인간은 심하게 비논리적인 생명체다. 과연 그 남자의 이해할 수 없는 행동과 쉽게 주의력이 흐트러지는 우리네 모습을 다르다고 할 수 있을까?

일례로, 사람들은 소셜 미디어를 향한 과한 몰입이 무의식중에 자신을 남과 비교하면서 유쾌하지 않은 질투심을 부추기고 아까운 시간만 낭비하게 만들 뿐이므로 본인에게 도움이 되지 않는다는 걸 인지하고 있다. 그럼에도 하루에 몇 번씩 스마트폰 화면을 끝없이 스크롤링하면서 수백 개의 인스타그램에 해당하는 충격을 스스로에게 가하고 있다.

오늘날 우리는 부족함 없이 풍요로운 경제적 번영의 시대를 살아가고 있지만, 이에 반해 시간과 자유를 점점 상실해가고 있다. 일중독적인 생활 방식을 미화하면서 바쁨을 추종하는 문화를 만들어내고, 끊임없는 고립 공포감^{FOMO;}

Fear of Missing Out(모임이나 행사에서 끝날 때까지 자리를 지키거나, 이런 자리에 빠지지 않고 나가는 것)에 시달린다.

직장에서 해야 할 일 목록은 갈수록 길어지고, 여유 시간이 온갖 활동으로 가득 차 있으며, 집 안은 분별없이 사들인 물건들로 가득하고, 머릿속은 끊임없는 알림과 감각 자극으로 과포화 상태다. 이렇게 신체적, 정신적, 감정적으로 빈틈없이 빼곡하고 복잡한 환경은 혁신적인 사고와 자아 탐구의 영역을 깊이 있게 파고드는 데 필요한 공간을 앗아가 버린다. 뭔가 가치 있는 일을 하고 싶은가? 그렇다면 양으로 승부하는 태도에서 벗어나야 한다.

인류 역사를 통틀어, 기발한 아이디어들은 우리의 호기심, 그리고 탐구와 딥 워크Deep Work(중요한 일에 집중할 수 있는 환경을 조성하고 거기에 몰두하는 것)를 위한 공간을 통해서 생겨났다. 저명한 심리학자 칼 융Carl Jung의 일화를 예로 들어 본다. 융은 스위스 볼링겐의 시골 마을에 직접 탑을 하나 세웠다. 그러고는 주기적으로 그곳에 자신을 고립시키고 깊은 성찰을 함과 동시에 폭발적인 창의성을 뿜어내는 데 집중했다. 그는 재충전을 통해 엄청난 통찰력을 지닌 상태로 탑에서 나오곤 했다. 과도한 일중독자로 정평이 난 빌 게이츠Bill Gates조차도 독서와 자아 성찰을 하는 데에 매년 몇 주씩 투자한다. 위대한 업적을 일구어낸 사람들은 아무것도 하지 않는 것의 가치를 이미 알고 있는 것이다.

앨런 라이트맨^{Alan Lightman} 교수는 저서《시간 낭비 예찬^{In Praise of Wasting Time}》(국내 미출간)에서 다음과 같은 언급을 했다.

> 시간을 들여가면서까지 사방으로 뻗어 있는 네트워크와 단절되려는 이유는, 정신적 명료함과 침착함을 회복하고 사생활과 고독감을 경험하면서 반성과 사색의 시간을 나에게 선물하기 위함이다.

진정한 인간이 된다는 것은 자신의 실재 속에서 안식의 시간을 가지면서 존재감을 즐길 수 있게 되는 것과 같다. 단, 이는 휴먼 스킬을 배우겠다는 선택이 선행되어야 가능한 일이다. 자, 선택의 시간이 왔다. 당신은 어떤 사람이 되기로 결정했는가? 어떤 인간이 되고 싶은가? 계속 뭔가를 해야 한다는 데 대한 집착을 버린 당신은 과연 어떤 존재가 되어 있을 것 같은가?

휴먼 스킬의 가치를
알아보는 사람이 승자다

앞서 말한 것처럼, 미래에는 규칙성이 있고 코드화가 가능한 모든 일을 자동화 내지는 로봇이 대신할 것이다. 이런 예측은 이미 기정사실이나 다름없으며, 직장이나 교육 분야에서는 기술 역량에 높은 가치(어쩌면 지나치게 높은 가치)를 둠으로써 이에 대응해왔다. 예를 들어, 최근 대부분의 학교에서 학생들에게 코딩은 가르치면서도, 상대적으로 사회 정서 지능이나 소프트 스킬Soft Skill을 체계적으로 계발하는 데에는 신경을 쓰지 않는다.

기술적인 역량보다 소프트 스킬을 추구하는 게 새로운 글로벌 트렌드임이 우리의 경험과 최신 연구 결과를 통해 속속들이 입증되고 있다. 구글이 진행한 산소 프로젝트Project Oxygen라는 흥미로운 연구에서, 위대한 경영자가 지녀야 하는 주요 자질 열 가지 중 아홉 가지가 공감, 뛰어난 의사소통 같은 소프트 스킬이라는 사실을 강조해 많은 이들을 놀라게 했다. 세계가 소프트 스킬 공백에 직면한 상황에서, 많은 전문가와 조직, 고용주들은 소프트 스킬을 향상시키는 것이 인재 육성의 최우선 과제라는 점에 동의한다. 소프트 스킬을 더 이상 경시할 수 없는 것이다.

정서 지능을 바탕으로 한 기술은 평균적인 성과자와 최고 성과자 사이에서 발생하는 격차의 3분의 2를 차지하며, 평생 소득을 최대 15퍼센트까지 증가시킬 수 있다고 한다. 최근의 연구는 이런 기술이 직장에서 개인이 거두는 성과와 직원 참여도에 광범위하고 지대한 영향을 미친다는 사실 또한 보여준다. 소프트 기술은 조직의 생산성과 수익성을 높이고, 궁극적으로 전체적인 경제 상황을 향상시킨다. 더불어 자신감을 키우고 관계를 개선시켜줌으로써 직장 생활을 할 때뿐만 아니라 개인적으로도 큰 도움이 된다.

한편, 인사 담당자 중 67퍼센트가 확실한 소프트 스킬을 가진 지원자라면 기술력이 약해도 채용하겠다고 답했다는 부분을 짚고 넘어가자. 반대로, 지원자가 기술력이 뛰어나도 소프트 스킬이 약할 경우에는 채용 의지가 9퍼센트로 떨어졌다. 그럼에도 대부분의 구직자와 노동자들은 자신의 소프트 스킬을 자산으로 마케팅하거나 교육을 통해 발전시킬 생각조차 하지 않는다. 영국의 직장인 다섯 명 중 한 명은 자기가 가지고 있는 소프트 스킬을 고용주에게 설명할 자신이 없다고 했다. 설문 조사에 응한 고용주 중 70퍼센트가 채용 시 소프트 스킬을 우대한다고 답했음에도 불구하고, 입사 지원자 중 절반이 이력서에 소프트 스킬을 기재한 적이 없다고 한다.

지금은 소프트 스킬이 그 어느 때보다도 중요한 시점이다. 우리는 소프트 스킬에 걸맞은 대우를 해야 한다. 사실 소프트 스킬이라는 용어에서 하드 스킬에 비해 다소 가볍고 추상적이라는 의미가 은연중에 풍기기 때문에 개인적으로 이 말을 선호하지는 않는다('휴먼 스킬'이라는 용어를 창조해낸 것도 그런 이유 때문이다).

좋든 싫든 간에 갈수록 뷰카화하는 세상에서, 머지않은 미래에는 정교하고 수준 높은 사회 정서 능력, 즉 휴먼 스킬을 필요로 하는 복합적, 문화적인 협력에 업무의 초점이 맞추어질 것이다. 그럼에도 우리는 굳이 위험을 무릅쓰고 이런 기술을 무시하는 과오를 범하고 있다. 기업이나 교육 기관들은 이런 기술의 중요성이 나날이 높아지는데도 점점 더 희귀해지고 있는 추세를 안타까워한다. 휴먼 스킬의 중요성을 차치하더라도 이 기술은 앞서 언급한 주의 산만, 관계 단절, 다양성 부족, 끊임없는 행위 문제에 대처할 수 있는 유일한 방법이라는 점에서 의미가 크다.

위기는 곧 기회이기도 하다. 우리는 기계가 대신할 수 있는 작업은 기계에게 맡겨두고 그 시간에 고차원적인 지능에 집중하고 이를 발전시키기만 하면 된다. 다시 말해, 인간과 기계의 지능을 결합시켜 더 나은 내일을 보장할 수 있는 기회를 얻으면 되는 것이다.

파트 2에서는 이 책의 중심 주제인 휴먼 스킬에 대해 자세히 알아보려 한다. 휴먼 스킬은 미래에 어떤 상황이 펼쳐지든 간에 상관없이 개인의 내외적 성공 및 성취에 가장 큰 영향을 미치는 사회 정서 기술의 집합체라 할 수 있다.

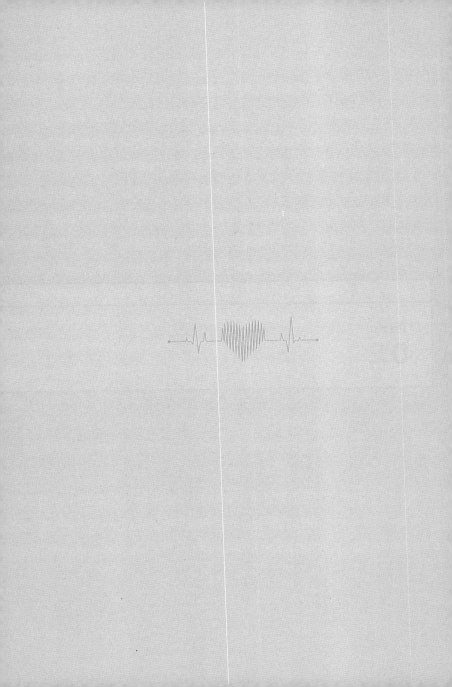

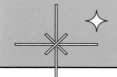

Part
02

휴먼 스킬
Human Skill

Part
02

과거에는 사람들의 재능이나 강점을 선천적인 것으로 규정하고, 타고나지 않은 재능은 가질 수 없다고 믿었다. 그리고 새로운 분야를 배우는 건 젊을 때에나 가능한 일이라고 여겼다. 하지만 20세기 후반에 진행된 연구에서, 인간의 뇌는 평생 스스로 변화할 수 있다는 사실이 밝혀졌다. 어떤 일을 연습하면 그 일과 관련된 신경 경로가 활성화되고 뇌는 그것에 관여하는 뉴런들의 연결성을 강화한다는 것이다. 바꾸어 말해, 더 많이 경험하고 연습한 일일수록 그것과 관련된 신경 경로가 강력해진다. 이를 신경 가소성이라 부르며, 인간의 뇌는 일생에 걸쳐 크게 변화할 수 있다는 의미를 담고 있다.

잔디밭을 걷는다고 생각해보자. 잔디를 많이 밟을수록 지나온 길의 윤곽이 뚜렷해지고 넓어져 추후에 길을 찾아서 따라가기가 더 쉬워질 것이다. 비슷한 맥락으로, 한 가지 일에 정신을 집중하는 연습을 하다 보면 시간이 흐를수록 익숙해짐으로써 초반에 필요하던 집중력이 없어도 그 일이 어느새 자동적인 행동으로 자리 잡게 된다. 그러므로 삶의 어느 단계에서든 어떤 일을 하거나 어떤 것을 믿도록 뇌를 훈련시킬 수 있다. 이런 식으로 뇌를 적응시킬 수 있다면 미래 또한 마음먹은 대로 만들어갈 수 있다. 여기에 휴먼 스킬을 추구한다면 더할 나위 없이 좋을 것이다.

이 책에서는 꼭 필요한 휴먼 스킬을 모은 도구 상자를 제공할 예정이다. 이들 모두 철저한 연구를 거친 것들로서 객관적인 관찰이나 측정도 가능하다. 교사의 입장에서 학생들에게 확실한 근거가 있는 내용만 전달해야 할 의무가 있다고 생각했다. 물론 사업가 겸 실무자의 입장에서, 이 책의 내용이 직장에서 실용적으로 사용되고 손쉽게 공유 및 실행되어야 하는 점도 중요하다.

복합적인 문제 해결이 중요하다거나 직장에서의 자기 인식이 필수적이라고 주장하면서도 정작 그런 자질을 발전시킬 수 있는 실질적인 해결책을 제시하지는 못하는 연구 논문을 지금껏 수도 없이 보아왔다. 이 책은 그런 전철을 밟지는 않을 것이다. 대신 당신이 다섯 가지 필수적인 휴먼 스킬을 차근차근 배우도록 안내할 것이다. 또, 업무 상황에서 각각의 기술을 실행하는 방법을 설명하고, 시간에 쫓길 때 사용할 수 있는 간단한 실천 방안이나 요령을 알려줄 것이다.

마지막으로, 강의실에서 학생들이 던진 질문 가운데 어렵지만 흥미로운 것 몇 가지를 포함시켜서 학생들의 넘치는 호기심을 공유해놓았다.

다섯 가지 필수적인 휴먼 스킬을 자세히 파고들기 전에, 이 책이 휴먼 스킬에 접근하는 방식과 당신이 이 책의 시스템을 보다 효과적으로 활용할 수 있는 방법부터 간단히 살펴보자.

휴먼 스킬 접근 방식 :
선택하기, 순서 정하기, 발판 만들기

휴먼 스킬의 기초는 2016년 싱가포르 국립 대학교의 졸업생 미래 대응 센터[CFG]에서 진행된 '미래 준비 지수'라는 연구 프로젝트에서 유래되었다. 이 연구팀은 다양한 공공 및 민간 조직에서 일하는 고위 경영진, 인사 책임자, 일선 관리자 서른다섯 명이 모인 포커스 그룹을 구성했다. 그리고 그들이 일터에서 기대하는 미래 대비 자질이나 마음가짐, 소프트 스킬이 무엇인지 물어보았다.

포커스 그룹 구성원들의 응답을 면밀히 조사해서 분류한 다음에는, 300명이 넘는 산업계 전문가들을 대상으로 설문 조사를 진행해 추가적인 검증까지 마쳤다. 그리고 미래

에 대비하기 위한 아홉 가지 자질 목록인 CFG 미래 준비 지
수를 만들었다.

- 회복 탄력성(Resilience)
- 호기심(Curiosity)
- 융통성(Adaptability)
- 통찰(Insight)
- 공감(Empathy)
- 정서 감지(Emotional Sensing)
- 기업가적 사고(Entrepreneurial Thinking)
- 신념 추구(Pursuing Convictions)
- 비전(Vision)

하지만 이 책은 미래를 대비하기 위한 아홉 개의 영역에
관한 것이 아니다. 오랫동안 이 기술들을 가르치면서 생각
을 다듬었고, 아홉 가지 자질을 간략하게 추려서 서로를 보
완할 수 있는 다섯 가지 역량으로 정리했다. 예를 들어, 정서
감지는 공감의 일부분이고, 신념 추구는 회복 탄력성에 포
함시킬 수 있다. 그리고 고용주들이 직장에서 이런 자질을
원한다고 해서 반드시 다 갖추고 있어야 한다는 건 아니며,

목록 순서가 중요도 순은 아니라는 걸 알아두도록 한다. 현장에서 1만5천 명이 넘는 Z세대(1990년대 중반~2000년대 초반 출생)와 밀레니얼 세대(Y세대, 1980년대 초반~1990년대 중반 출생)를 가르친 경험을 통해, 목록을 다섯 가지 휴먼 스킬로 정리하는 게 가장 효과적인 방안이라고 생각하게 되었다.

로스앤젤레스의 저명한 신경 과학자 댄 시겔 박사는 이 연구를 '뷰카 세상 대비용 백신'으로 불렀다(이보다 더 적절한 표현이 있을까). 무엇보다 이 연구가 유독 눈에 띄는 이유는 다음과 같은 세 가지 요소 때문이다.

1. 선택하기 : 핵심 기술을 선별하는 공식
2. 순서 정하기 : 핵심 기술을 배우는 순서
3. 발판 만들기 : 핵심 기술을 다른 기술과 연결시켜 기존 지식에 쌓는 방법

이제부터 각 요소를 좀 더 심층적으로 살펴보자.

미래학자나 경제학자들이 고안해낸 미래에 필요한 기술 지표 및 순위를 한 번쯤은 본 적이 있을 것이다. 여기에는 고용주나 여타 이해관계자가 원하는 자질 대부분이 포함되어 있지만, 필수 요소만 모아놓은 미래 대비 도구 상자를 찾는다면 이런 자료에만 의지해서는 안 된다.

그보다 더 높은 수준(메타)에서 자신의 능력에 영향을 미칠 수 있는 기본적인 휴먼 스킬을 키우는 데 노력을 기울이는 편이 낫다. 휴먼 스킬은 광범위하고 포괄적이며, 본질적으로 '메타' 성질을 지니고 있다. 휴먼 스킬을 익히면 다른 여러 가지 관련 기술에 긍정적인 영향을 주게 되고, 결과적으로 시간도 많이 절약된다. 그래서 일부러 목록을 짧게 줄인 것이다. 요새는 바쁘지 않은 사람이 없으므로 한번에 강력한 영향을 끼칠 수 있는 간단하고 효과적인 방법으로만 엄선해서 정리하고자 했다. 이때 무엇보다 중요한 것은 미래를 대비하기 위한 전반적인 계획을 세우는 것이다.

이 책은 피상적인 증상이 아니라 그 밑에 깔린 근본적인 문제에 대처하는 방식을 다룬다. 예컨대, 이 책에서는 이력서 잘 쓰는 노하우 따위를 알려주진 않는다. 물론 훌륭한 이력서를 쓰는 일 자체는 유용한 기술이나 다른 여러 가지 능력에 지대한 영향을 미치는 기술이라고 하긴 힘들다. 대신에 자기 인식, 공감, 의사소통 등을 가르칠 것이다. 이런 효과적이고 본질적인 기술은 회사든 사적인 인간관계든 상관없이, 상대방에게 전달하고자 하는 가치를 제대로 이해시키고 상대방으로 하여금 집중하게 만드는 방법을 알려줄 것이다.

문제의 뿌리를 파악하기 위해 노력해라. 이게 바로 휴먼 스킬의 핵심이다. 몇 년 전 이 원칙을 완벽하게 증명한 사례를 들어본다. 한 클라이언트가 모두에게 유해한 직장 문화를 근절할 방법을 간절하게 찾고 있었다. 인사팀 책임자였던 그녀는 완전히 기진맥진해서 어찌할 바를 모르는 상태였다. 일단 그녀를 수잔이라고 하겠다. 수잔이 직원들에게 존중, 다양성, 관용을 가르칠 수 있는 프로그램이 시급하다고 하길래, "그럼 서로 공감할 수 있도록 애써야겠네요."라고 답했다. "아뇨. 우리가 원하는 건 공감이 아니에요. 존중과 다양성, 관용을 원한다고요!" 수잔은 상사에게 받은 메모지를 가리키며 말했다.

타인의 관점을 이해하고 긴밀한 관계를 맺는 능력인 공

감이라는 중요한 기술을 가르치면 결과적으로 존중, 다양성, 관용이 자연스럽게 생겨날 거라고 수잔에게 설명했다. 이에 대해 수잔은 100퍼센트 확신하지 못했지만 여하튼 시범 프로젝트를 진행했고, 결국 이 말이 옳았음이 증명되었다.

몇 주 뒤 수잔에게서 다시 전화가 왔다. 프로그램이 기대 이상의 성공을 거두었고, 그녀와 상사는 직장에서 직원들이 사용하고 있는 새로운 어휘와 바르고 고운 말이 그 증거라고 보고해왔다. 더욱 고무적인 사실은, 프로그램을 경험한 팀원들이 거기서 배운 내용을 프로그램에 참여하지 못한 동료들과 공유할 수 있도록 정규 팀 회의 시간 중 일부를 활용하게 해달라고 부탁했다는 것이다.

수잔에 따르면, 프로그램 참가자들은 가정생활에도 긍정적인 영향을 받았다고 한다. 곧바로 문제 해결 모드로 뛰어들지 않고, 공감하는 태도부터 보이며 귀를 기울인 덕에 자녀나 배우자와의 관계에 크나큰 변화가 생겼다는 것이다. 나아가 이와 같은 개인적인 이야기를 공유하며 직장 동료들 간에 공감대가 깊어졌고, 인간 대 인간의 차원에서 서로에게 더 많은 관심을 가지게 되었다. 필요할 때만 동료를 찾던 일종의 거래적인 관점에서 탈피해 동료를 보다 인간적으로 대하게 된 것이다.

휴먼 스킬은 문제의 근본적인 원인을 치유하고, 모든 이들에게 더 중요하고 더 오래 지속되고 더 유익한 영향을 미침으로써 그 효과가 전반적인 삶으로 퍼져나가게 하는 데 목적이 있다. 물론 고작 다섯 가지 기술로 인생을 탈바꿈시킨다는 데에 회의를 품을 수도 있다. 하지만 의구심은 일단 접어두고 한번 해보자. 휴먼 스킬은 당신의 삶을 송두리째 바꾸어놓을 수도 있다.

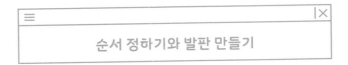

순서 정하기와 발판 만들기

휴먼 스킬 혹은 특정 형태의 사회 정서 지능을 학습할 때 배움의 순서를 정하는 것 또한 기술이다. 예를 들어, 공감을 배우려면 타인의 감정을 느낄 수 있어야 한다. 그런데 많은 사람들이 다른 사람의 감정을 읽는 데 어려움을 겪는다. 감정 이해력(감정을 식별하고 이름을 붙이는 능력)이 부족하기 때문이다.

감정 이해력을 키우는 가장 좋은 방법은 자신의 감정을 자각하고 명명하는 방법부터 배우는 것이다. 이는 일종의 자기 인식과 같다. 하지만 학생들 가운데 상당수가 관찰력을 발휘하거나 세부적인 부분에 주의를 기울이는 것에 익숙하지 않아서 본인의 감정(혹은 타인의 감정)을 알아차리는 데 어려움을 겪었다. 따라서 마음챙김^{Mindfulness}(지금 이 순간 자신의 마음속에서 벌어지는 일을 온전히 알아차리는 상태)을 가르침으로써 이 문제부터 해결해야 한다. 이런 연유로 이 책의 프로그램은 항상 마음챙김에서 시작해 그 위에 자기 인식, 공감 등을 층층이 쌓아 올리는 형식으로 진행될 예정이다.

이와 같은 접근 방식은 유명한 심리학자이자 베스트셀러 작가인 대니얼 골먼^{Daniel Goleman}의 정서 지능 연구에 기반한 것이기도 하다. 골먼의 정서 지능 연구는 최적의 두뇌 기능(마음챙김이 다루는 것)에서 시작해, 그 위에 그가 정서 지능이라고 부르는 것(자기 인식, 공감 등)을 쌓고, 다시 그 위에 더 높은 수준의 리더십 기술을 쌓아 올리는 식이다.

모든 기술은 이전에 배운 기술을 발판으로 삼기 때문에 특정한 순서에 따라 차례대로 진행하는 게 좋다. 따라서 이 책에 나오는 기술 또한 첫 번째 기술부터 마지막 기술까지 순서에 맞게 배워나갈 것을 권한다.

일단 기본적인 다섯 가지 능력을 갖추면 롤플레잉 컴퓨터 게임을 할 때처럼 그 기술들을 층층이 쌓거나 결합시켜서 더 좋은 결과를 얻을 수 있다. 예를 들어, 공감하는 방법을 배운 다음에 효과적으로 피드백을 주거나 까다로운 대화에 대처하는 방법 등을 배워서 대인 관계 기술을 보강할 수 있다. 그리고 그 수준에 도달하면 분쟁 해결 기술이나 중대한 협상 기술도 배울 준비가 되어 있을 것이다. 기본적인 휴먼 스킬을 활용해서 나아갈 수 있는 방향에는 제한이 없다.

단, 이런 기술이 기본적이되 쉽거나 단순하진 않다는 사실을 유념해야 한다. 기술 하나하나가 다 우리 인간성의 심오한 부분과 연결되어 있고 무한히 다양한 방식으로 활용될 수 있다. 이런 기술은 한 번만 배우고 끝나는 게 아니다. 평생에 걸쳐 매일같이 연습해야 한다. 세상일에 지름길 같은 건 없다는 사실은 성공한 사람들 사이에서 공공연한 비밀이다.

서두르지 말고 휴먼 스킬을 충분히 흡수할 시간적 여유와 연습할 수 있는 공간을 마련하자. 처음에는 제대로 이해하지 못하더라도 그런 자신을 너그럽게 받아들이자. 당신은 자신감과 명쾌함을 바탕으로 수많은 문제를 처리할 수 있는 기술을 연마하는 '과정'에 있다는 걸 잊지 말자.

이 책의 다섯 가지 기술은 수백 명의 고용주들에 관한 연구 조사 및 젊은 세대, 교수, CEO 등 수천 명을 가르친 경험을 바탕으로 선정한 것이다. 이 기술들은 특정 직업이나 문화권에 상관없이 모두 적용 가능하며, 연습을 통해 개선을 거듭할 수 있기에 배워둘 만한 가치가 충분하다.

하나. 집중과 마음챙김

오늘날 우리는 아주 산만하고 기술 중독적인 환경에 둘러싸여 있다. 그렇기 때문에 주의력을 통제하고, 중요한 일에 집중하며, 소음으로부터 의미 있는 신호를 분리하기 위해 통찰력 있는 연결 고리를 유지하는 능력이 성공에 결정적인 역할을 할 수밖에 없다. 이 책의 프로그램은 항상 집중하는 연습에서부터 시작된다. 처음에 집중력을 강조하지 않으면, 사람들이 효과적으로 귀를 기울이지 않고 나머지 기술의 전체적인 영향력도 온전히 받아들이지 못한다.

둘. 자기 인식

갈수록 모호해지는 세상에서, 자기 인식은 불확실한 상황을 헤쳐나가면서 언제 항로를 바꾸고 또 언제 자신의 소신을 위해 투쟁할 것인지 깨닫게 해주는 감지 능력이다. 뿐만 아니라 겸손한 태도로 자신의 생각이 틀릴지도 모른다는 가능성을 고려할 수 있게 해준다. 무엇보다 자기 인식 능력이 뛰어난 사람은 언제나 호기심이 많고 자발적인 학습을 게을리하지 않는다.

셋. 공감

공감은 매우 인간적인 차원에서 자신의 관점을 바꾸어 남을 이해하는 능력이다. 공감 능력을 자기 인식이나 인간관계에서 적절한 선 긋기 능력과 결합시키면 다른 사람들과 보다 효과적으로 연결되어 일에 개입할 수 있게 된다. 일부 전문가들은 갈수록 수요가 늘어나는 이 공감 능력이라는 자질에 의존한 새로운 '공감 경제'가 탄생할 것이라고 말한다. 공감 능력 덕분에 인간은 로봇과 구분되며, 공감 능력은 보수가 좋은 직업의 특징으로 거론되기도 한다.

넷. 복잡한 의사소통

요즘 세상에서는 끊임없이 전략이 변화하고 구조 조정이 진행된다. 여기에 여러 문화권 출신이 혼재된 팀과 가상으로 협력해야 하는 과제까지 더해지면서 정교한 의사소통 능력을 갖추는 일은 필수적이다. 직장에서 가장 유용한 의사소통 기술 두 가지는 효과적인 피드백 주기 그리고 까다로운 대화 나누기다.

다섯. 적응 회복력

쉽게 포기하거나, 실패를 겪은 뒤 모든 게 멈추어버린 듯한 기분을 느끼거나, 격변하는 세상에 적응하고 헤쳐나갈 심리적 융통성이 부족하다면, 앞서 언급한 네 가지 능력을 모두 가졌다 하더라도 소용이 없다. 신체적, 정신적, 정서적, 사회적 회복 탄력성(더불어 비록 이 책에서 자세히 다루지는 않지만 영적인 회복 탄력성도 중요하다)을 성취하는 것은 그만큼 쉬운 일이 아니다. 성장형 사고방식과 총체적인 관점을 필요로 하기 때문이다.

이상의 다섯 가지 휴먼 스킬은 잠재력을 극대화하고, 의미 있고 즐거운 삶을 살 수 있도록 도와줄 것이다.

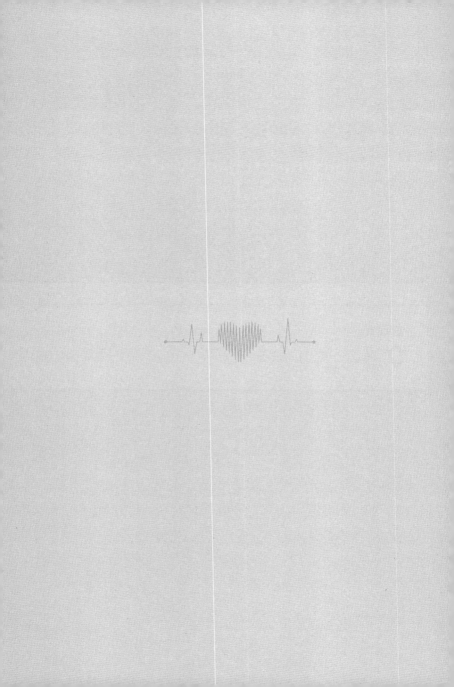

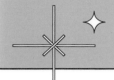

Part
03

집중과 마음챙김
Focus & Mindfulness

Part
03

지금부터 설명하는 내용은 당신의 인생에 막대한 영향을 줄 수 있다. 그런데 한 가지 걸림돌이 있다. 이토록 중차대한 메시지를 놓치기 쉽다는 점이다. 어쩌면 지금 당장은 관심조차 없을지도 모른다.

수많은 연구 결과에 따르면, 50퍼센트나 되는 사람들이 '현재'에 집중하지 않는다고 한다.

≡ 　　　　　　　　　　　　　　　　　　×
대세는 관심 경제

'관심'은 고가^{高價}인 동시에 희소성 있는 상품이 되었다. 요즘 같은 집단 주의 산만의 시대에, 5대 IT 기업(페이스북, 아마존, 애플, 구글, 마이크로소프트)은 자사 제품에 고객의 관심을 끌고 그 관심을 최대한 오랫동안 유지하기 위해 애쓰고 있다. 고객의 클릭과 터치는 그들의 이익과 직결된다. 우리는 이미 모바일 기기를 손에서 놓지 않는 증강 인류^{Augmented Human}의 단계에 접어들었다. 많은 사람들이 수시로 온라인 상태를 유지하면서 습관적으로 화면을 확인하고 끊임없는 정보 폭격을 받고 있다.

밀레니얼 세대는 디바이스로 제공되는 콘텐츠를 소비하는 데 하루에 약 9.6시간을 들이는 반면, Z세대는 하루 11.1시간이라는 놀라운 수치로 이 부문 1위를 차지하고 있다. 또한 같은 연구에서 드러난 결과에 따르면, 소비자의 55퍼센트가 동시에 여러 대의 기기와 지속적으로 혹은 빈번하게 상호 작용하는 것으로 나타났다.

이런 새로운 현실은 인간관계, 업무 참여, 심지어 건강 같은 중요한 분야에 기울여야 할 관심을 약화시킨다. 나날이 증가하는 직장에서의 주의 산만성이 대표적인 예다. 아무것에도 방해받지 않는 깊이 있는 인간 대 인간의 상호 작용은 대폭 감소하는 데 비해 스트레스 수준과 불안감은 사상 최고치에 달하고 있다.

이와 같은 현상의 가장 나쁜 면은, 많은 이들이 이런 게 바로 현대인의 삶이라며 체념해버림으로써 학습된 무력감에 젖어 일시적인 쾌락을 안겨줄 다음 오락 거리를 찾아 헤맨다는 것이다.

현재에 집중하는 능력과 정말 중요한 것에 관심을 쏟으면서 다른 사람들과 깊게 관여하는 능력이 그 어느 때보다 중요한 시기다. 그리고 이런 능력은 직장에서의 성취 및 의미 있는 관계 형성과 밀접한 관련이 있다. 그럼에도 대다수

의 사람들은 집중력을 훈련하기는커녕 주의력 향상 따위에
신경조차 쓰지 않는다.

마음챙김을 기본적인 휴먼 스킬로 선정한 이유는 배움,
성과, 협업, 인간관계, 건강, 종합적인 인식 등 인생의 많은
부분에서 효과를 발휘하는 마음챙김의 밀접한 영향력 때
문이다.

마음챙김이란?

저명한 마음챙김 지지자 존 카밧진^{Jon Kabat-Zinn} 명예 교수
는 마음챙김을 '생각, 감정, 육체적 감각, 주변 환경에 대한
순간순간의 알아차림'으로 정의했다. 한편, 정신과 전문의
댄 시겔 박사는 "마음챙김은 아무 생각 없이 무의식적으로
살아가는 삶에서 깨어나는 것이다. 자기 마음을 찬찬히 되돌
아보면 선택을 할 수 있게 되고 점진적으로 변화가 가능해진
다."라고 언급하기도 했다. 이렇듯 마음챙김은 정신의 '주의
력 근육'을 강화하는 일종의 정신 수양과 같다.

이 책에서 말하는 마음챙김은 현재의 순간에 얼마나 적

극적으로 관심을 기울이고 있는지를 뜻한다. 당신이 회의실에 있다고 가정해보자. 거기서 어떤 데이터를 수집할 수 있는가? 다양한 데이터가 있겠지만 일단 자기 몸의 특정 데이터 흐름에 주목할 수 있다. 가령, '심장이 평소보다 빨리 뛰네. 긴장한 걸지도 몰라. 마음을 가라앉히기 위해 심호흡을 하는 게 좋겠어.'와 같은 일련의 정보를 수집할 수 있다. 혹은 다른 사람의 데이터를 알아차릴 수도 있다. 회의실을 둘러보면 누가 지루해하고, 누가 호기심이 많고, 누가 적극적이고, 누가 멍 때리고 있는지 알 수 있다. 아니면 특별한 노력을 기울여서 친해져야 하는 사람이 누구인지 마음속에 새겨둘 수도 있다. 점심 식사 직후에 회의실 분위기가 다운되어 있다면 에너지를 불어넣는 활동을 제안할 수 있을 것이다. 환경에서 얻는 데이터에 주목할 수도 있다. 프로젝터가 설치되지 않았거나 창문에서 들어오는 햇빛 때문에 회의실 한쪽에 있는 사람들에게 화면이 잘 보이지 않는다면 프레젠테이션을 시작하기 전에 미리 조정해야 한다. 이런 관심 하나하나가 성공의 발판이 되어 당신에게 유리한 가능성을 높여준다.

　유용한 데이터를 수집하도록 뇌를 훈련시킬수록 더 나은 결정을 내리고 더 창의적인 사람이 될 수 있다. 뇌가 더 많은 것을 알아차리고 정보를 바탕으로 현명하게 행동하도록 훈련하는 데 가장 좋은 방법이 바로 마음챙김 연습이다.

이 책에서 언급하는 마음챙김은 세속적인 마음챙김 실천, 즉 비판에 사로잡히지 않고 지금 이 순간 존재하는 것에 주목하는 능력을 말한다. 세계 5대 종교(기독교, 힌두교, 불교, 유대교, 이슬람교)에는 각자 나름의 명상 및 수행 방법이 있지만, 마음챙김은 그 어떤 종교적 수행과도 혼동되지 않는다. 그렇기 때문에 마음챙김 휴먼 스킬은 종교나 영적인 신념 체계에 무관하게 누구나 이용 가능하다.

미디어에서 마음챙김에 대해 듣거나, 마음챙김 연구를 통해서 알아낸 사실을 읽거나, 혹은 누군가가 마음챙김 연습에 관해 말하는 걸 한 번쯤은 들어보았을 것이다. 성공한 비즈니스 리더, 운동선수, 기업가 등이 성공 비결 중 하나로 매일 아침 5분씩 마음챙김 명상을 하면서 하루를 시작하는 것이라고 밝히는 게 이제는 그리 특별하게 들리지 않는다.

마음챙김과 명상의 이점과 관련해 상당히 과장된 반응이 존재한다는 건 인정한다. 마음챙김이 스트레스 감소부터 수명 연장에 이르기까지 모든 걸 할 수 있다고 주장하는 연구도 있다. 당연히 마음챙김은 인류를 괴롭히는 모든 문제를 해결하는 만능 열쇠는 아니다. 그렇지만 적어도 뷰카 세상에서는 꽤 강력한 진가를 발휘할 수 있는 휴먼 스킬이다. 또한, 마음챙김을 실천하는 일은 뇌 기능, 집중력, 주의력을 향상시키기 위해 다방면에 걸쳐 연습하는 것과 같다. 그래서 마음챙김 휴먼 스킬부터 소개하기로 한 것이다.

일단, 짤막한 이야기부터 하나 짚고 넘어가자.

'뿌리와 날개'라는 프로그램을 시작했을 때의 일이다. 학기마다 100명가량의 학생들이 참석하는 워크숍을 50~60개 진행했다. 그리고 매 수업에서 실시간 온라인 조사를 통해 학생들의 피드백을 받았다.

대개는 짧은 마음챙김 수련을 하면서 워크숍을 시작했지만, 몇몇 수업에서는 실험 삼아 마음챙김 수련 과정을 생략하고 수업을 진행했다.

과연 결과는 어땠을까? 동일한 교사가 동일한 내용을 동일한 맥락에서 가르쳤음에도 불구하고, 마음챙김 수련을 하지 않은 채 수업을 들은 학생들은 교사 평가, 내용 관련성, 내용 유용성 전부 낮은 점수를 주었다. 언급한 대로 수업 간의 유일한 차이점은 학생들이 현재에 모든 주의력을 집중하도록 뇌를 준비시키지 않았다는 것뿐이었다.

이 책은 이론보다는 실제적인 학습 경험을 더 중시한다. 그러니 지금 당장 실천해볼 수 있을 뿐만 아니라 우리의 정신(마인드)에 대해 많은 정보를 깨닫게 해줄 1분짜리 실험을 통해 마음챙김을 철저하게 분석해보도록 한다.

마음챙김 1분 실험

1분간 지속되는 마음챙김 실험 동안 오직 한 가지 일만 해야 한다. 그 한 가지 일인즉슨 아무것도 하지 않는 것이다. '아무것도 하지 않는다'는 게 정확히 뭘 의미하는지 잘 모르겠다는 이들을 위해 이 책에서 의미하는 바를 정의해보겠다. 아무것도 하지 않는다는 이야기는 지금 있는 그 자리에 그대로 앉아 말하기, 쓰기, 읽기, 인터넷 검색 따위의 일을 시작하지 말라는 것이다. 말 그대로 이해하면 된다. 아무것도 하지 마라. 자, 준비되었는가?

1분 뒤로 휴대 전화 알람을 설정한다. 그다음 휴대 전화를 쉽게 집어 들 수 없는 곳에 놓아둔다. 시간이 다 되기 전에 먼저 전화를 들여다보면 안 된다. 1분이 지나 알람이 울리면 명상을 끝낸다. 1분 사이에 자리를 뜨거나 장소를 이동하지는 않았을 것이다. 몸은 명상을 시작한 곳에 머물러 있고 그사이에 어떤 행동도 하지 않았다. 이 실험에서 궁금한 건 오직 하나, 몸은 제자리에 있을지언정 정신은 어디로 갔느냐는 것이다.

머릿속에서 무슨 일이 일어나고 있었는지 잠시 되돌아보자. 정신도 몸처럼 아무것도 하지 않았는가, 아니면 많은 활동이 벌어졌는가? 정신이 어딘가로 흘러가버렸는가? 만약 그렇다면 어디로 갔는가? 어떤 생각을 했는가? 마음속에 떠오른 이미지가 있는가? 몸에서 어떤 감각이 느껴졌는가? 외부에서 나는 냄새나 소리를 의식했는가?

우리의 정신은 대부분의 시간을 활동적으로 보낸다. 정신은 생각하기 위해 만들어진 것이다. 심장은 뛰고, 폐는 숨 쉬고, 정신은 생각한다. 정신은 계획, 비교, 판단, 해야 할 일 목록 검토, 질문, 비판, 그리고 꼬리의 꼬리를 무는 생각을 만들어낸다. 혹시 실험하는 동안 이런 정신 활동을 알아차렸는가?

인간의 정신은 시간 여행도 할 수 있다. 마음이 혹시 과거를 떠돌지는 않았는가? 오늘 오전이나 이번 주 초에 일어났던 일을 생각했을 수도 있다. 아니면 지난주에 있었던 즐거웠던 일이나 스트레스가 심한 직장에서의 소통 문제, 혹은 얼마 전 지인과 나눈 감동적인 대화에 대해 생각했을지도 모른다. 어떤 사람은 오랜 옛날로 거슬러 올라가 그때 내린 결정(아깝게 놓친 승진 기회, 오래전 헤어진 연인, 학창 시절의 굴욕 등)을 곰곰이 심사숙고하는 경향을 보이기도 한다.

우리의 정신은 나중에 일어날 일을 예상하며 미래로 갈 수도 있다. 마음챙김 실험이 끝난 뒤에 무슨 일이 일어날지, 이 책을 다 읽은 뒤에 뭘 할지, 혹은 몇 주 후에 다가올 휴가를 생각하느라 공상에 잠긴다. 정신의 미래 여행에는 제한이 없다. 어떤 이들은 은퇴 후에 삶이 어떤 모습일지, 어디서 살 것인지, 그리고 어떻게 시간을 보낼 것인지 등 먼 미래에까지 다녀오기도 한다.

마음은 과거와 미래를 오가면서 롤러코스터를 탄다. 마음챙김 1분 실험 동안 정신의 상태가 어땠는지 체크해보자.

☐ 멍 때렸다

☐ 헛생각에 빠졌다

☐ 깜빡 졸았다

☐ 지루했다

☐ 비판 : "이건 시간 낭비야."

☐ 비난(자신) : "왜 집중을 못 하지?"

☐ 비난(타인) : "이 작가들은 이상해."

☐ 과거로 시간 여행

□ 조급함 : "다음은 뭐지?"

□ 미래로 시간 여행

□ 결과가 궁금했다

□ 혼란스러웠다

□ 의심 : "제대로 하고 있는 건가?"

□ 기분 좋은 상상에 빠졌다

이런 일상적인 정신 습관을 알고 있었는가? 실험이 진행된 동안 마음의 행보와 상관없이 결론은 하나다. 정신을 현재에 계속 머무르게 하는 일은 매우 어렵다는 것이다.

심리학자와 신경 과학자들은 딴생각이라는 흔하디흔한 현상을 연구하기 시작했다. 한 유명한 연구에서 행복을 추적하던 연구진은 다음의 두 가지 질문에 집중했다.

1. 정신은 얼마나 자주 딴생각에 빠지는가?

2. 딴생각은 행복에 영향을 미치는가?

다음 내용으로 나아가기 전에 잠깐 멈추고 생각해볼 게 있다.

우리가 업무를 수행하거나 대화를 나누는 등의 다른 일

을 하는 동안 딴생각을 얼마나 할지 추측해서 아래에 적어
보자.

**평균적으로, 인간의 정신이 딴생각에 빠지는 시간은 전체의 [ ] 퍼센
트 정도다.**

사람들에게 마음이 딴생각에 빠지는 시간이 얼마나 될
것 같으냐고 물어보면 보통 60~99퍼센트 사이의 숫자를 댄
다. 이는 대부분의 사람들은 생각보다 자주 정신이 딴 데 팔
린다는 사실을 인지하고 있다는 증거다. 실제 연구에서, 마
음은 평균적으로 전체 시간의 50퍼센트 동안 다양한 종류
의 활동을 하면서 딴생각에 잠긴다는 게 밝혀졌다.

혹시 이 파트의 첫머리에서 위 질문에 대한 답을 알려주
었다는 사실을 깨달았는가? 만약 몰랐다면 십중팔구 딴생
각에 빠져 있었을 것이다.

같은 연구에서, 사람들이 딴생각에 잠기는 일이 가장 적
은 때는 언제라고 답했을까? 바로 섹스할 때다. 하지만 친
밀함이 극에 달하는 이 시간에도 딴생각을 하는 비율이 평
균적으로 무려 30퍼센트나 되었다. 단, 이때 상대방이 아닌
다른 누군가를 떠올리며 환상을 품는지, 직장의 급한 문제

를 떠올리는지, 아니면 둘 다인지에 대해서는 자세히 설명하지 않고 있다.

마음은 여기저기 배회하면서 주변 환경을 살피는 경향을 보이도록 설계되어 있다. 그리고 주변에는 우리의 관심을 끌기 위해 경쟁하면서 집중을 방해하는 것들이 항상 대기 중이다.

```
≡                                              |×
        마음챙김을 생활화하면……
```

혹시 사람은 원래 다 그렇다며 딴생각을 하거나 건성으로 일하거나 하려던 일 이외의 다른 일에 정신이 팔리는 자신을 체념하고 받아들이고 있는가? 그렇다면 마음챙김 휴먼 스킬 습득이 시급하다. 마음챙김 기술은 업무와 삶의 중요한 부분에서 즉각적인 효과를 볼 수 있게 도와줄 것이다.

더 많은 일을 더 잘해낼 수 있다

마음을 어지럽히고 산만하게 하는 것들을 줄이면 생산력이 높아지고 만족스러운 결과를 얻을 수 있다. 하지만 생산량 증가보다 훨씬 중요한 것은, 마음챙김이 필수적인 일에 집중하고 우선순위를 정하고 더 효과적으로 일하는 데 도움이 된다는 것이다.

관계가 더욱 공고해진다

상대방이 딴 데 정신을 팔고 있으면 바로 눈치채는가? 이런 일이 너무 빈번하게 발생하면 신뢰가 무너져 관계 단절로 이어질 수 있다. 마음챙김 연습은 상호 작용하는 상대에게 온전히 주의를 기울일 수 있도록 도와준다. 커뮤니케이션 전문가들에 따르면, 사람들이 대화를 통해 얻고자 하는 것은 상대방의 공감이라고 한다. 마음챙김은 상대방이 공유하는 것을 고스란히 받아들일 수 있게 한다. 그리고 이런 태도는 깊이 있는 이해를 가능하게 하고 관계를 개선시킨다.

리더십이 향상되고 성취감이 따라온다

다른 사람들을 이끌고 북돋워주려면 팀이나 조직을 운영하면서 생기는 모든 기회와 요구에 적절하게 대응할 수 있는 능력이 필요하다. 그러나 리더들 가운데 자그마치 70퍼센트나 회의할 때 집중하기 힘들다고 답했으며, 개인적 생산성을 향상시키기 위해 애쓴다고 한 사람은 2퍼센트밖에 되지 않았다.

뒤집어 생각하면, 리더가 팀원들의 요구에 주의를 기울일 때 직원 참여율이 높아지고 직원 이직률이 낮아지며 더 나은 결과를 얻어낼 수 있다.

최근에는 직원들이 업무에 더욱 집중하고 탄력적으로 일할 수 있도록 하기 위해 주의력 프로그램을 도입하는 조직들이 많다. 예를 들어, 거대 IT 회사인 SAP의 경우 7천 명 이상의 직원이 주의력 강화 프로그램을 수료했고 덕분에 많은 도움을 받았다고 보고했다. 프로그램 참가자들은 정신이 맑아지고 멘털이 강해지며 건강한 행복을 느끼게 되었다고 답했다. SAP의 글로벌 마음챙김 실천 프로그램 책임자인 피터 보스텔만Peter Bostelmann은 이 프로그램의 투자 수익률을 200퍼센트 정도로 추산했다.

이처럼 마음챙김은 실무자들에게 개인적 이익을 안겨줄 뿐만 아니라 조직의 수익과 그들이 응대하는 고객에게도 커다란 이익을 안겨준다.

기분이 좋아진다

지난 10년간 우리는 의학, 심리학, 그리고 건강 분야에서 마음챙김 혁명을 경험했다. 마음챙김 기반 스트레스 감소MBSR: Mindfulness Based Stress reduction 및 마음챙김을 바탕으로 하는 다른 프로그램들은 전 세계적으로 효과가 입증되었으며, 스트레스, 통증을 비롯한 수많은 신체적, 심리적 문제를 치료하는 해독제로 인식되고 있다.

실제로 헤드스페이스Headspace 앱은 미국에서 보험 적용이 가능한 최초의 마음챙김 앱이 되는 것을 목표로 하고 있으며, 스마일링 마인드Smiling Mind 앱은 산후 우울증이나 분노 조절을 돕기 위해 배포되고 있다.

우울증, 불안 같은 심리적 문제를 겪는 사람들은 특정 생각에 사로잡혀 옴짝달싹 못하는 경우가 많다. 우울증 환자들은 마음이 과거로 여행하는 경향을 보이며, 잘못된 일들(자신에게 일어난 나쁜 일, 잘못된 선택, 실망, 학대당한 기억)을 반복적으로 곱씹는다. 이를 반추라고 하는데, 여기에 빠져버리면 마음이 추스를 수 없는 상태의 나락으로 떨어지거나 생각에 압도되어 무력감, 절망감, 우울감으로 이어지고 만다. 반면, 불안감을 느끼면, '승진 못하면 어떡하지, 실수하면 어쩌지, 이러다 영영 배우자를 못 만나는 거 아닐까, 헤어지자고 하는 거 아닌가, 아프면 어떡하지' 등 사사건건 걱정하면서 마음이 미래로 향한다. 상당수의 공포 시나리오는 예상한 대로 벌어지지 않지만, 그것 때문에 수시로 잠에서 깨거나 해야 할 일에 집중하기 힘들어지면 실제 상황처럼 느껴질 수 있다.

많은 사람들이 우울함이나 불안함의 순간을 경험한다. 때로는 잘못되었거나 잘못될 수도 있는 (혹은 둘 다) 일을 고민하느라 잠 못 이루는 밤을 보내기도 한다. 이는 지극히 정상적인 현상이다. 고통스러운 감정은 삶과 경험의 일부분이기 때문이다.

다만, 현대 사회를 살아가는 우리들은 저조한 기분, 우울증, 불안 등을 이전보다 더욱 심각한 단계로 겪고 있다는 사실이 문제다. 이런 기분 장애는 마치 전염병처럼 퍼지며 우리를 무기력하게 만들고 우리가 가진 잠재력을 눌러버린다. 만약 힘든 감정과 싸우면서 압도당한 기분이 들거나 절망감을 느낀다면 심리학자나 상담사의 도움을 구하는 게 좋다. 자신의 행복보다 소중한 건 없다. 그 어떤 성공도 도달하기 위해 건강을 희생해야 한다면 아무 소용없다.

마음챙김 발전시키기

마음챙김은 집중력을 높이고 잡념을 줄임으로써 현재 경험의 세부 사항에 주목할 수 있게 도와준다. 본격적으로 마음챙김에 입문하기 전에 다음 내용을 차분하게 읽어보자.

- 발이 얼얼하거나 손이 무겁게 느껴지는 등 신체 부위의 감각을 느꼈는가?

- 들숨, 날숨 같은 호흡을 감지했는가?

- 정신이 산만해진 순간을 알아차렸는가? 그 산만함은 외부에서 발생한 소리인가, 아니면 특정한 생각, 이미지, 감정, 머릿속에서 벌어진 다른 활동 등 내면에서 발생한 것인가?

- 정신이 산만해진 걸 알아차린 순간 원래의 관심 대상(특정 신체 감각이나 호흡)으로 마음을 되돌릴 수 있었는가?

- 부드럽게 정신을 다시 집중할 수 있었는가?

- 마음이 여러 차례 방황했는가? 머릿속이 분주했는가? 혹시 집중이 힘들었는가?

- 졸리거나 마음이 뒤숭숭했는가? 몸의 감각이 어땠는가?

- 집중 전후의 기분이 어떤가? 달라진 점이 있는가?

Focus & Mindfulness

www.deep-human.com에 가면 마음챙김 연습과 관련된 질문과 그에 대한 대답을 확인할 수 있다.

마음챙김 기본 연습법

정신을 집중하는 훈련을 위해 추천하는 연습 방법은 다음과 같은 순서로 진행된다.

1. 주의를 집중시킬 수 있는 지점을 선택한다. 예를 들어, 몸에서 호흡을 가장 많이 느낄 수 있는 부분을 고른다(가슴일 수도 있고 콧구멍일 수도 있다). 이를 '고정점'으로 잡는다.

2. 생각이나 소리 때문에 머릿속이 산만해지면 고정점이나 자신이 선택한 집중점으로 부드럽게 관심을 돌린다.

3. 마음챙김을 연습하는 내내 다음을 반복한다.

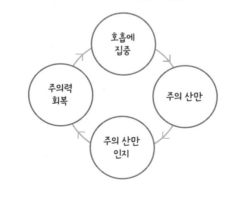

마음챙김 정규/비정규 연습

● 마음챙김 정규 연습

정규 연습은 개인 훈련이나 운동 수업을 받을 때처럼 체계적으로 진행된다. 다음에 제안하는 방법 중 하나 혹은 전부를 시도해보자.

• 마음챙김 수업 참가
• 온라인 마음챙김 수업 등록
• www.deep-human.com 사이트 및 유튜브 채널에서 명상 시청
• 마음챙김 앱 이용 : 헤드스페이스, 스마일링 마인드, 인사이트 타이머(Insight Timer) 등

● 마음챙김 비정규 연습

비정규 연습은 엘리베이터 대신 계단을 이용하거나 식사 후에 가벼운 산책을 하는 등 일상생활에 작은 변화를 줌으로써 웰빙 라이프를 실현하는 것이다.

어떤 일이든지 정신을 집중해서 의식할 수 있다. 일상생활에서 마음챙김을 활용할 수 있는 몇 가지 예를 들어본다.

의식적으로 음료 마시기

정신을 산만하게 하는 방해물을 제쳐두고 커피나 차를 마시는 경험에만 집중한다.

- 음료의 색과 컵의 세부적인 형태에 주목한다.
- 컵에서 풍기는 향에 주목한다.
- 음료에서 피어오르는 김을 느낀다.

컵을 들고 손에 느껴지는 무게에 집중한다. 컵을 입술에 대고 행동을 잠시 멈춘다. 컵이 입술에 닿는 느낌에 집중한다. 그리고 천천히 한 모금 마시면서 입안에 느껴지는 감각에 주의를 기울인다.

- 무엇이 눈에 띄는가?
- 음료의 온도는 어떠한가?
- 입안에서 느껴지는 감촉이 부드러운가, 떫은가? 진한가, 연한가?

음료를 삼키면서 액체가 목구멍을 타고 흘러 내려갈 때 그 감각을 따라갈 수 있는지 알아보자.

- 배에서 어떤 감각이 느껴지는가?

- 입에 남아 있는 맛이 있는가? 뒷맛의 느낌은 어떠한가?

- 속도를 늦추고 주의를 기울임으로써 또 어떤 사실이 눈에 띄는가?

의식적으로 산책하기

산책을 시작하기 전에 멈추어 서서 발이 땅에 닿는 감각을 느껴보자.

- 몸에 균형이 잡힌 상태인가? 몸이 사방으로 흔들리고 있는가?

- 발가락, 발뒤꿈치, 발볼 등 발의 모든 부분에 동일한 압력이 가해지는가?

걷기를 시작해보자. 어떤 발을 먼저 떼는지 주목한다.

- 발의 어느 부분이 땅에 닿고 어느 부분이 닿지 않는가?

- 첫발이 땅에 닿기 전에 다른 발을 들어 올리는가? 어떤 근육을 사용하는가?

걷는 동안 몸속으로부터 또 어떤 감각을 자각할 수 있는지 집중한다.

의식적으로 경청하기

이 연습은 아주 중요하다. 특히 커플이라면 더욱 그렇다. 단, 굳이 상대방에게 주의 깊은 경청을 연습 중이라고 알릴 필요는 없다. 당신이 해야 할 일은 상대방에게 계속 집중하면서 혹시 집중이 흐트러지진 않는지 살펴보고, 주의가 산만해졌다면 다시 말하는 이에게 집중하기 위해 연습하는 것이다.

- 상대방의 말을 자르고 싶은 충동이 드는가? 상대방의 말을 듣는 동안 어떤 감정이나 신체 감각을 느낄 수 있는가?
- 상대방의 말을 듣는 동안 마음이 열리는가, 아니면 압박을 느끼는가?
- 상대방이 무슨 말을 하는지 궁금한가?
- 상대방의 어떤 점에 주목하는가? 목소리 톤, 표정, 몸짓 언어 등?

멀티태스킹 대 싱글 태스킹

마음챙김은 멀티태스킹같이 한번에 여러 가지 일을 해내는 게 효율적이라는 현대 사회의 강박을 극복하는 데 도움이 된다.

15세기 무렵 영어에 '우선순위^{Priority}'라는 단어가 처음 등장했을 때는 단수형이었다. 즉, 다른 무엇보다 중요한 한 가지 일을 뜻하는 말이었던 것이다. 우선순위를 복수형으로 사용하기 시작한 건 1900년대에 들어서다. 현대 사회를 살아가면서 상충되는 수많은 활동을 최대한 효율적으로 조직하려고 애쓰다 보면, 죄다 중요한 일 같고 중요하지 않은 일은 없는 것처럼 느껴진다.

회의 중에 휴대 전화로 메신저를 보내고, 전화 회의를 하면서 소셜 미디어 화면을 스크롤링하고, 가족과 점심을 먹으면서 스마트 기기로 이메일을 확인하고……. 굉장히 익숙한 모습 아닌가? 물론 이토록 바쁘게 돌아가는 세상에서 효과적인 멀티태스킹은 불가피한 선택이라고 항변할 수 있다. 하지만 심리학 연구 결과는 다른 말을 한다. 동시에 두 가지 이상의 일을 할 경우 효율이 훨씬 떨어진다는 것이다.

멀티태스킹은 작업 속도를 늦추고 잦은 실수를 야기하며 스트레스와 불안감을 높이는 동시에 중독성이 있다. 요컨대, 멀티태스킹이 산만함을 높이고 생산성을 저하시킨다는 이야기다.

이 문제를 해결할 방법은 '싱글 태스킹', 즉 한동안 한 가지 활동에만 온전히 집중하는 것이다. 30분간 보고서 쓰는 일에만 집중해보자. 이메일과 소셜 미디어 사이를 왔다 갔다 하지 말고 온 신경을 집중해 이메일 답장을 쓰자. 전화 통화를 할 때는 웹 사이트를 여기저기 들여다보지 말고 대화에 집중하자. 더불어 우리 뇌는 장시간 집중하기 힘들기 때문에 각 작업 사이에 짧은 휴식을 취하자. 이렇게 하면 뇌 기능을 최적화할 수 있다.

알림과 이메일 리마인더 기능은 꺼두는 게 좋다. 이런 알림은 당신이 집중하고 있는 일에서 딴 데로 주의를 돌리도록 고안된 것이기 때문이다. 마찬가지로 휴대 전화를 무음 상태로 해놓고 눈에 보이지 않는 곳에 치워두면 주의 산만함이 대폭 줄어들고 다른 이들과 관계를 맺는 능력은 향상된다. 연구에 따르면, 휴대 전화가 눈에 띄는 데 있을 경우 아무리 화면을 뒤집어놓는다고 하더라도 당신의 집중력은 물론이고 당신과 대화를 나누는 사람들의 집중력까지 떨어뜨린다고 한다.

한편, 주변을 계획적으로 정리해두는 것도 주의력 향상과 마음챙김에 많은 도움이 된다.

일주일 동안 싱글 태스킹을 시도해보자. 그리고 실제로 더 많은 일을 처리할 수 있는지, 작업 품질이 향상되는지, 전반적인 스트레스 수준에 어떤 영향을 미치는지 확인해보자.

중요한 건강 지킴이, 수면

잠을 충분히 자지 않으면 주의를 집중하기가 정말 힘들다. 집중이 아예 불가능하다고 말하는 이들을 종종 보는데, 그런 사람들 대부분은 적절한 수면 시간을 확보하지 못하는 경우가 많다.

18~25세 사이의 사람들에게 이상적인 수면 시간은 7~9시간 정도다. 하지만 이른바 선진국 국민들의 대다수가 수면 부족에 시달리고 있다. 선진국 근로자 30퍼센트가 꾸준히 수면 부족 문제를 불평하고 있다는 연구 결과도 있다. 미국에서는 만성적인 불면증으로 인해 1년에 약 120만 일의 업무 손실이 발생하고, 수면 부족으로 인한 금전적 손실액이 연 4천 억 달러에 달한다고 한다.

안타깝게도, 많은 문화권과 작업 환경에서 잠을 적게 자는 게 자부심의 원천이 되고 있다. 스타트업 분야, 금융권, 실리콘 밸리 등지에서 '잠은 약자를 위한 것이다'라는 슬로

건이 인기몰이 중이다. 하지만 잠을 충분히 자지 않으면 인지 능력과 행복에 오랫동안 심각한 영향을 미칠 수 있다. 판단력 저하, 기억력 감퇴, 사고력 및 학습 능력 저하 같은 부작용이 생기기도 한다. 만성 수면 부족은 심장병, 고혈압, 뇌졸중, 당뇨 등 다양한 건강 상태와도 관련이 있다.

최선을 다하려면 잠을 충분히 자야 할 뿐만 아니라 양질의 수면을 취해야 한다. 연구자들은 노트북, 휴대 전화, 게임기처럼 블루 라이트를 내뿜는 기기들이 수면 시간을 단축시키고 수면 주기를 방해한다는 걸 알아냈다. 이들 기기에서 나오는 빛은 잠을 유도하는 호르몬인 멜라토닌 분비를 지연시킨다. 의사들은 잠자기 한 시간 전부터 전자 기기 사용을 줄이고 자기 전에 최소 15~30분 정도는 전자 장비를 멀리하라고 권유한다. 잠을 충분히 자고 좋은 수면 습관을 확립해서 충분한 휴식을 취하면, 자신이 지닌 잠재력을 이끌어내는 데에도 아주 좋으며 이는 놀랄 만한 성취로 이어질 것이다.

═

| × |

마음챙김은 종합 선물 세트와 같다

다른 기술을 습득할 때와 마찬가지로, 주변에 좀 더 유념하는 법을 배우면서 주의력을 향상시키려면 연습과 시간이 필요하다. 마음챙김을 반복적으로 실행하면 새로운 적응형 뇌 경로를 구축할 수 있다는 사실을 신경 과학 연구를 통해 알게 된 것은 매우 고무적이다.

앞서 제안한 마음챙김 정규/비정규 연습을 균형 있게 실천하면 가장 큰 효과를 거둘 수 있다. 처음에는 사소한 것부터 시작해 루틴을 계속 이어나가면서(아침에 5~10분, 자기 전에 5~10분씩 정규 연습) 비정규 연습(식사, 출퇴근, 대화 중에)을 최대한 많이 활용하면 성공 가능성이 높아진다. 단기간 내에 눈에 띄는 변화를 확인할 수 있을 거라고 장담한다.

마음챙김 수련에 입문하는 또 하나의 좋은 방법은 가이드 프로그램을 이용하는 것이다. 이런 프로그램은 자신감을 얻고, 일상에서 맞닥뜨리기 쉬운 도전을 극복하는 방법을 배우고, 마음챙김과 관련한 여러 질문의 답을 얻는 데 도움이 된다. 다양한 앱이나 온라인 자료도 이용할 수 있다. www.deep-human.com에서 최신 권고 사항과 자료를 확인해보자.

마음챙김 훈련은 집중을 도와주고, 일의 효과를 높이며, 건강 및 대인 관계에도 여러 가지 유익한 영향을 준다. 뿐만 아니라 분주하게 행동하거나 생각하는 상태에서 벗어나 '인간답게' 쉴 수 있도록 도와준다. 지치고 답답한 머릿속에서 맑은 정신을 끌어내고, 생각, 감정, 고통 등과 스스로를 동일시하는 것으로부터 막아준다. 정신이 명료하고 마음이 평온해지면 자신이 누구이며 어떤 삶을 살고 싶은지 깨닫게 된다. 이는 나르시시스트처럼 오직 스스로만 바라보는 편협함과는 완전히 결이 다르다. 오히려 잠재력을 최대한 발휘해 그것이 행동과 행복에 영향을 미치게 하고, 나아가 개인을 둘러싼 환경에도 긍정적인 영향을 퍼트리는 것이다.

의식적인 자각은 삶의 의미와 목적, 이를테면 살아가면서 세상에 보여주고 싶은 자신의 모습이나 주변에 어떤 식으로 도움이 되고 싶은지 등을 깨닫게 해준다. 때문에 마음챙김을 가치관이나 숭고한 목적에 따라 움직이는 나침반 같은 역할을 하는 본질 또는 영적인 자아라고 불러도 무관하다.

다음 파트 4에서는 두 번째 휴먼 스킬인 자기 인식의 중요성과 장점, 그리고 이를 즉각적으로 확장시킬 수 있는 방법에 대해 알아보도록 한다.

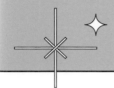

Part
04

자기 인식
Self-awareness

Part
04

살다 보면 별의별 사람들을 만난다. 다른 사람의 공을 얌체같이 가로채면서 왜 아무도 자기와 같은 프로젝트팀에서 일하려고 하지 않는지 의아해하는 동료, 부하 직원이 혼란스러워하거나 졸고 있는 것도 모른 채 자신의 프레젠테이션이 놀라운 성공을 거두었다고 착각하는 상사, 매번 잘못된 상대하고만 사귀면서 왜 연애 기간이 요구르트 유통 기한보다도 짧은지 이해하지 못하는 어리석은 친구 같은 사람들 말이다.

이 사람들에게는 뭐가 부족한 걸까?

바로 두 번째로 소개할 휴먼 스킬인 자기 인식 능력이다.

심리학자들과 리더십 연구자들은 자기 인식이 일적인 성공 혹은 개인적인 삶에서의 성공과 관련이 있다는 걸 알아냈다. 고용주들도 자기 인식의 중요성을 깨닫기 시작해 직원 채용 시 자기 인식 능력을 눈여겨보는 경우가 늘어나는 추세다. 자기 인식 능력이 뛰어난 사람은 자기 수정이 가능하고 자기 계발에도 관심이 많아서 회사 입장에서 관리하고 교육하는 데 수고가 덜 들기 때문에 고용주들의 이런 변화는 일견 타당하다.

흥미로운 사실은, 대부분의 사람들이 자기 인식과 관련해 언행일치가 잘 되지 않는다. 유명한 자기 인식 연구자인

타샤 유리크^{Tasha Eurich}는, 무려 95퍼센트의 사람들이 스스로를 자기 인식 능력이 뛰어나다고 생각하지만 실제로 자기 인식 능력을 갖추었다고 할 만한 사람은 10~15퍼센트에 불과하다는 걸 밝혀냈다. 그러니 다른 건 몰라도 자기 인식 능력에 있어서는 충분히 자신 있다고 하더라도 초심자의 마음으로 돌아가 이 휴먼 스킬에 접근할 필요가 있다.

자기 인식이란?

자기 인식이란 무엇일까? 유리크 박사는 자기 인식을 크게 내적 자기 인식과 외적 자기 인식의 두 가지 유형으로 나누어 정의한다.

- 내적 자기 인식 : 내적 자기 인식은 자신의 가치관, 동기, 추진력, 사고 과정을 알고, 이런 요소들이 다른 사람에게 미치는 영향을 이해하는 것이다.
  내적 자기 인식이 높으면 직장 및 인간관계에서 느끼는 만족도가 높아지고 통제력과 행복감이 향상된다.

● 외적 자기 인식 : 외적 자기 인식은 다른 사람들이 자신을 바라보는 방식을 이해하는 능력이다. 예를 들어, 다른 사람들이 당신의 동기, 강점, 한계에 대해 어떻게 생각하는지를 파악하고 있는 것이다.

외적 자기 인식이 뛰어나면 다른 사람들의 시선으로 세상을 바라볼 수 있으므로 타인에 대한 공감 능력 또한 탁월할 수밖에 없다. 특히 외적 자기 인식은 리더의 지위에 있거나 이와 비슷한 위치에 오르는 걸 염두에 두고 있을 때 유용하다.

외적 자기 인식이 뛰어난 사람들의 동료나 부하 직원들은 온전한 이해와 지지를 받고 있음을 느끼기 때문에 높은 수행 능력과 성공을 이루어 낼 수 있다.

흥미롭게도, 위 두 가지 유형의 자기 인식 사이에는 아무런 관계가 없다. 외적 자기 인식이 뛰어나도 내적 자기 인식은 낮을 수 있으며, 그 반대의 경우도 있다.

일례로, 내성적인 사람들은 내적 자기 인식은 뛰어나지만 외적 자기 인식은 낮다. 그들은 자기 자신, 자신의 기호나 세계관 등에 대해서는 잘 알지만, 다른 사람들이 자신을 어떻게 보는지, 자신의 행동과 태도가 관계에 어떤 영향을 미치는지에 대해서는 잘 모른다. 이 사실은 한 리더십 프로그램 수행 과정에서 드러났다. 프로그램 참가자들은 자체 보고서에 인식 능력, 회복 탄력성, 협업 능력 등 측정 기준 전반에 걸쳐 긍정적이라고 할 만한 수준의 변화가 생겼다는 정도로만 평가했다. 그런데 같은 측정 기준을 주고 관리자 위치에 있는 사람들이나 직속 상사에게 의견을 물었을 때는 참가자들이 인지하고 있는 것보다 훨씬 더 높은 평가를 내렸다.

이처럼 당신이 스스로를 바라보는 시선과 다른 사람들이 당신을 바라보는 시선은 다르다. 심지어 위 프로그램 참가자들은 자신이 일구어낸 변화와 향상된 실적 등에 대해 끝내 알아차리지 못했을 수도 있다. 다행인 점은, 다른 사람들은 당신이 생각하는 것보다 당신을 더 긍정적인 시선으로 바라보며, 당신이 심각하게 생각하는 문제에 대해 크게 신경 쓰지 않는다는 것이다.

자기 인식은 뚜렷하게 다른 네 가지 유형으로 분류할 수 있다. 다음은 각 유형별 특징 및 강점에 대해 정리한 것이다. 표를 보고 어떤 유형이 자신을 가장 잘 나타내는지 살펴보자.

발전을 위해서는 내적 자기 인식과 외적 자기 인식 둘다 반드시 필요하다. 이 내외적 자기 인식 휴먼 스킬은 경력은 물론 인생 전반적인 성공에 큰 영향을 미친다. 정기적인 피드백 요청을 통해 외적 자기 인식을 발달시키는 방법은 파트 6에서 소개할 예정이며, 이 파트에서는 내적 자기 인식 발달을 집중적으로 다루어본다.

		외적 자기 인식	
		낮음	높음
내적 자기 인식	높음	자기 성찰형 자신의 내면세계에 대한 이해력이 뛰어나다. 그러나 다른 사람에게 피드백을 구하거나 자기 견해에 의문을 제기하지 않기 때문에 자신의 맹점을 놓치기 쉽다. 이는 대인 관계와 성공 잠재력에 부정적인 영향을 미칠 수 있다.	의식형 자신의 내면세계와 다른 사람들이 자기를 어떻게 생각하는지 잘 알고 있다. 다른 이들의 피드백과 의견을 중요하게 여긴다. 의식형은 자기 인식의 이점을 잘 활용할 줄 안다.
	낮음	추구형 목표와 가치관을 잘 이해하지 못해 방향 감각이 부족할 수 있다. 게다가 다른 사람들이 자신을 어떻게 보고 있는지 알아채지 못하기도 한다. 이런 점은 직장에서의 관계나 성공에 부정적인 영향을 줄 수 있다.	아부형 다른 사람이 자신을 어떻게 생각하고 자신에게 무엇을 기대하는지 인지하면서 정작 본인에게 중요한 일은 열심히 하지 않는다. 다른 사람의 요구를 우선시하다 보면 자기 삶과 일에 집중하지 못해 성공 기반이 약화될 수 있다.

내적 자기 인식을 더 높은 수준으로 끌어올리면 자신에게 중요한 것, 자신이 이미 잘하는 것, 자신이 즐기면서 배울 수 있는 것 등에 대한 깊이 있는 이해를 바탕으로 현명한 결정을 내릴 수 있다.

우선 자아를 정신Mind, 감정Emotion, 신체Body, 영성Spirituality 등 네 가지 기본적인 측면으로 나누어 생각해보자.

우리는 자아의 한 측면일 뿐인 정신과 스스로를 지나치게 동일시한다. 자기가 하는 생각이 곧 자기 자신이라고 단정하거나 모든 문제를 머리로만 해결하려고 한다. 그러면서 잠을 못 이루고 뜬눈으로 밤을 새우며 왜 잠이 안 오는지 의아해한다. 이게 다 심란한 마음 때문인 줄도 모르면서 말이다.

어떤 사람들은 감정에 매몰된 나머지 자신을 기분과 지나치게 동일시하다가 감정 조절에 실패한 채 휩쓸려버린다. 이는 누구나 겪을 수 있는 일이다. 자아의 한 부분에 과하게 집중하다 보면 다른 측면을 소홀히 하게 되고 결국 건전한 결정을 내리는 데 필요한 중요한 정보를 놓칠 수 있다.

더군다나 자신의 특정 측면이 불러일으킨 문제를 같은 측면으로는 해결할 수 없는 경우가 허다하다. 예를 들어, 마음의 문제는 마음만으로 해결이 불가능하다. 더 많은 생각, 계획, 집착에 매달리지 말고 운동(신체)을 통해 마음의 긴장을 푸는 등 방향을 바꾸어 자아의 다른 면에 초점을 맞추어야만 문제가 해소되는 경우가 꽤 많다.

지금부터 자아의 각 영역을 하나씩 살펴보도록 하자.

정신

정신은 다양한 생각, 심상, 과정 등을 포함하며, 우리가 이용할 수 있는 인지 데이터로 구성되어 있다.

정신의 표면은 끊임없이 쏟아져 나오는 생각, 좋아하는 것과 싫어하는 것, 판단, 의견, 내면의 대화, 혹은 목소리 같은 의식적인 생각의 흐름을 통해 만들어진다. 생각의 흐름보다 한 단계 더 깊은 곳에는 기호, 가정, 편견, 사고방식 등이 있다. 그리고 정신의 가장 깊숙한 곳에는 삶을 지배하는 정체성과 신념이 자리 잡고 있다. 정신 깊은 곳의 정체성과 신념은 깨닫지 못하더라도 우리의 행동이나 삶의 방향에 아주 강한 영향을 미친다. 심리학자 융은 '무의식을 의식하기 전까지는 무의식이 삶을 좌우하고 우리는 이를 운명이라고 부른다'라고 했다.

정신의 가장 깊숙한 단계를 이해하는 것은 매우 중요한 일이다. 자신이 어떤 생각을 하는지 의식하면 그 생각의 주인이 될 수 있고, 자신의 견해를 조정함으로써 그것이 자신을 위해 기능하게끔 만들 수도 있다. 반대로, 자신의 생각을 자각하고 지배하지 못한다면 생각이 당신의 주인이 되고 당신은 생각의 노예가 될 것이다.

정체성의 핵심에는 양육 방식과 살아온 문화가 반영된다. 운 좋게도 욕구 충족이 잘 되고 건강하며 애정 넘치는 어린 시절을 보냈다면 '나는 회복력이 뛰어나니까 어려움을 극복할 수 있다, 나는 사랑과 존중을 받을 가치가 있는 사람이다'와 같이 성장을 지지해주는 정체성을 지니고 있을 확률이 높다. 반대로, 육체적이든 감정적이든 간에 욕구가 제대로 충족되지 않는 환경에서 자랐다면 자기 자신과 세상에 대해 부정적인 생각을 키웠을 가능성이 크다.

연구를 하다 보면 당당하고 성공적인 삶을 살아가는 사람들이 이면에 부정적인 자기 확신을 지니고 있는 경우를 자주 본다. 이들은 '나는 원래 부족한 사람이니 더 열심히 해야 한다, 나는 천성이 게으르다' 같은 생각 때문에 끊임없이 많은 노력을 기울이고 모든 일을 완벽하게 해내는 걸 목표로 삼는다. 뿐만 아니라 이런 사람들은 자신의 신념에 손을 대면 원치 않는 변화가 생길까 두려워서 자기 인식 향상을 위한 연습을 거부하는 경향이 있다. '부정적일지언정 어쨌든 이런 내 정체성을 안고 여기까지 왔는데 만약에 이걸 포기한다면 나는 어떻게 될까? 게을러지려나? 좀 더 유연해질까? 경쟁력을 잃는 건 아닌가?' 등의 두려움을 품게 되는 것이다.

일단, 동기 부여된 상태를 유지하려면 자기 자신과 자신이 가진 능력을 믿어야 한다. 장기적인 면에서 지속적인 자기비판은 자신감을 갉아먹고, 에너지를 고갈시키며, 삶에 스트레스를 불러일으킨다. 물론 높은 기준을 유지하면서 일과 삶에 끊임없이 야망을 품고 자신을 밀어붙이는 게 적성에 맞고 마음이 편한 사람들도 많다. 이 경우에도 노력의 이유가 결과에 대한 두려움이나 타인에게 비치는 모습을 신경 써서가 아니라 일을 향한 열정, 애정 때문이어야 한다. 그렇지 않으면 스스로의 채찍질에 나가떨어질 수도 있다.

개인적인 경험을 들어 이야기하자면, 처음으로 대형 팀

을 이끌게 되었을 때 자기비판과 압박감으로 심신이 매우 힘들었던 적이 있다. 정서 지능과 심리적 행복에 대해 가르치는 사람이 정작 본인은 한밤중에 일어나 메일을 확인하느라 잠을 설치는 아이러니한 상황이었다. 다행히 부서장과 함께 360도 리더십 과정에 등록해서 열다섯 명의 평가자들에게 피드백을 받을 수 있었다. 얼마 후 리더십 진단 보고서와 피드백이 담긴 갈색 봉투를 받았다. 놀랍게도, 전반적인 리더십 점수는 높았지만 부하 직원, 동료, 상사, 경쟁자 등 모든 평가자가 부정적인 특성으로 분류된 완벽주의에 최고점을 주었다.

리더십 코치에게 전화를 걸어 완벽주의자가 되려 하는 건 사실상 긍정적인 일 아니냐고 항변했다. 세부 사항을 꼼꼼히 따지고 기준을 높게 잡는 것이 지금껏 살면서 이룬 성공에 많은 도움이 되었다고 생각했기 때문이다. "잠깐 심호흡 좀 하세요." 코치가 대답했다. 그러고는 이렇게 말했다. "중요한 질문이 하나 있어요. 주도적으로 실행하는 행동 패턴이 있나요? 아니면 그 행동을 해야만 한다는 생각에 끌려다니지는 않나요?"

그녀의 말에 따르면, 실수하지 않도록 예의 주시하면서 일에 주의를 기울이는 것은 스스로의 의식적인 선택이고 효과가 좋다는 전제가 바탕이 된다면 전혀 문제가 되지 않는다. 그러나 완벽주의가 선택이 아닌 강요에 의한 것이라면 상황은 완전히 달라진다. 강박을 느끼는 상태에서는 행동이 무의식적으로 이루어지고 그 일을 할 수밖에 없다고 느끼며 심지어 왜 그런지 의문조차 품지 않는다.

생각해보면 한밤중에 깼던 건 의도적인 선택이 아니었다. 최근에 보낸 메일에서 뭔가 실수를 한 것 같은 찝찝함이 사라지지 않았기 때문이었다.

진정한 자기 인식은 자신의 반응을 관리하는 능력으로서 강요가 아닌 선택임을 기억하자.

정신은 효과적이고 설득력 있는 판단 장비이자 이야기꾼이다. 자기 마음을 잘 인식한다는 것은 자신의 생각과 신념에 주목한다는 뜻이다. 어떤 생각이 자신에게 효과가 있다면 받아들이고 그에 따라 행동할 것인지 선택할 수 있다. 효과가 없는 경우에는 그냥 그런 생각으로 자유롭게 떨쳐내면 된다. 자기 마음을 이해하고 신념을 확인하면 무조건적인 반사에 그치지 않고 현명한 자발적 선택을 할 수 있다.

요컨대, 최종 목표는 정신적인 유연성이다. 부정적인 생각에 휩쓸리거나 자신과 타인, 세상을 향한 쓸모없는 신념에 목매지 않아야 한다.

자기 인식은 더 나은 선택을 하고 마음과 건강한 관계를 맺는 토대가 된다. 이제 자기 인식의 또 다른 강력한 영역인 감정으로 넘어가보자.

감정

감정은 행동 및 자아의 다른 세 가지 측면(정신, 신체, 영성)에 상당히 큰 영향을 미친다. 감정적인 자기 인식이 부족하면 현명한 결정을 내리는 데 도움이 되는 중요한 데이터의 흐름을 놓치기 쉽다. 가령, 직장에서 특정한 결정을 하는 것에 불안감을 느끼면서도 이를 알아차리지 못하면 더 많은 정보를 찾아보거나 불안감의 원인을 제대로 파악하지 않은 채 섣부른 판단을 내릴 수 있다.

감정적으로 힘든 경우 판단력이 떨어짐에도 불구하고, 많은 사람들은 이런 감정을 가진 자신을 외면하고 최선의 결정을 내린 것으로 착각한다. 최근 한 연구에서 문제 있는 감정의 강도를 완화시키는 간단한 방법을 알아냈다. 바로 감정에 이름을 붙이는 것이다. 심리학자들은 이를 '명명하고 길들이기 효과'라고 부른다.

견디기 힘든 감정에 이름표를 붙일 때 우리 뇌는 이성적인 사고를 지배하는 부분인 전전두엽 피질을 사용한다. 신경 과학자 앨릭스 코브Alex Korb의 연구에 따르면, 고통스러운 감정에 이름을 지어주면 복측부 전전두엽 피질이 활성화되고 감정을 조절하는 편도체의 반응성이 감소해 그 감정에 대한 반응 수준이 낮아진다고 한다. 실제로 감정에 이름표 붙이기 기술은 중재 전문가나 FBI 인질 협상가들이 사용할 정도로 아주 효과적이다.

감정을 이해하고 이름표를 붙이는 기술은 직장이나 사생활에서 맺는 관계의 질(예를 들어, 팀 회의에서 내린 결정에 우려를 표하는 것)에도 상당한 영향을 미친다. 감정을 인정할 줄 알면 신뢰와 열린 마음을 바탕으로 상대방을 대하는 여유를 가질 수 있기에, 공감 능력을 높이고 건전한 대인 관계를 형성하는 데 큰 도움이 된다.

이런 이유로 '내면의 날씨 확인'으로써 학생들과의 수업이나 프로그램을 시작한다. 우리의 감정적인 삶은 날씨와 비슷하기 때문이다. 알다시피 날씨는 끊임없이 변화하고 예측하기 힘들 때가 많으며 아주 복합적이다(화창하던 날씨가 순식간에 바뀌어 폭풍이 몰아치는 경우를 수도 없이 보아왔지 않은가). 감정도 마찬가지다. 하루 사이에도 행복부터 슬픔, 실망, 분노, 한마디로 규정할 수 없이 혼재된 감정에 이르기까지 매우 다양한 감정을 느낀다.

감정 표현 연습하기

강의를 하다 보면 스마트폰에 정신을 빼앗긴 학생들을 어렵지 않게 찾아볼 수 있다. 학생들은 강의실에 있다고도 또 없다고도 할 수 있다. 해야 할 일, 과제 마감일, 곧 있을 소개팅 등 딴 데 관심이 쏠려 있기 때문이다.

강의 전에 학생들에게 파트 3에서 소개한 것과 같은 간단한 마음챙김 연습을 시키고 다양한 감각을 몸으로 느끼게 했다. 그다음 내면의 감정에 주목하면서 그 감정 상태를 한마디로 설명해달라고 요청했다.

수천 명의 대학생을 대상으로 이 연습을 시작했을 때 흥미롭고 놀라운 결과를 얻었다. 학생들에게 현재의 감정에 대해 물었을 때 '아무 감정 없음Nothing'이라는 응답이 가장 많았던 것이다. 일단 학생들에게 아무 감정 없음은 감정이 아니라는 사실부터 일깨워주어야 했다. 이에 학생들은 아무 감정 없다는 것도 일종의 감정 상태 아니냐며 반론을 펼쳤다. 그래서 그들이 말하는 아무 감정 없음이란 게 멍 때리는 걸 말하는 건지, 지루한 건지, 피곤한 건지 더 구체적으로 설명해줄 것을 요청했다. 학생들이 다음으로 많이 한 대답은 '평소와 똑같음Normal'이었다. 이 역시 감정이 아니다. 근소한 차이로 3위를 차지한 감정은 '졸림'이었는데, 이는 감정이라기보다 신체적 상태에 가깝다.

이와 같은 결과를 보면서 앞으로 우리가 맞닥뜨릴 진짜 문제는 감정 이해력이라는 생각이 들었다. 학생들 중에는 친구나 가족과의 주된 의사소통 수단으로 왓츠앱WhatsApp이나 문자 메시지를 꼽는 이들이 많았다. 세태가 이렇다 보니 학생들은 감정 이해력을 이모티콘 해석력 정도로밖에 생각하지 못하는 것이다.

안타깝게도, 감정을 제대로 파악하거나 그 감정을 설명할 줄 아는 학생은 거의 없었다. 심지어 어떤 학생들은 영어가 제1 언어가 아닌 다양한 문화권의 사람들이 모인 글로벌 팀에서 일하려면 감정 이해력이 필수적이라고 하자 회의적인 반응을 보이기까지 했다.

그럼에도 굴하지 않고 학생들에게 제대로 된 감정 표현을 지도했다. 일단, 일차적 감정, 이차적 감정 등으로 구분된 다양한 감정을 보여주는 도표를 보여주었다. 그리고 '아무 감정 없음, 평소와 똑같음, 졸림, 좋음' 같은 대답을 금지했다. 대신 학생들에게 감정을 파악해 세밀하고 정확하게 표현하는 방법을 알려주고, 내면에서 겪는 감정을 이야기하는 데 익숙해지게 했다. 강의를 마칠 무렵이 되자 학생들은 남들의 비난을 두려워하지 않고 '부담스럽다, 궁금하다, 열의를 느낀다, 좌절감이 든다' 등의 감정을 자연스럽게 줄줄 내뱉을 수 있게 되었다.

감정 이해력과 자기 인식은 스스로를 컨트롤하는 데 중요한 역할을 한다. 만일 이런 능력이 부족하면 정신이 감정의 볼모로 잡혀버릴 수 있다. 정신이 감정에 지배당하면 분노에 사로잡혀서 평소에는 절대 하지 않을 일을 저지르게 될지도 모른다. 이렇게 감정에 주도권을 빼앗긴 현상을 두고 신경 과학자들은 '편도체 납치'라고 부른다. 편도체는 감정을 담당하는 뇌 영역으로, 인간의 생존을 돕기 위해 발달된 부위이기 때문에 아주 강렬하고 빠르게 반응한다. 실제로 편도체는 일시적이기는 하나 이성적인 사고나 의사 결정을 담당하는 뇌의 전두엽 부분을 정지시킬 수 있을 정도로 강력한 힘을 발휘한다. 그리고 이런 상황이 발생하면 통제 불능 상태에 빠지게 된다.

자기 인식은 자신이 자극을 받았다는 걸 알아차릴 수 있는 열쇠다. 심한 자극을 받았다는 느낌이 들면 될 수 있는 한 상황에서 멀어져 잠시 휴식을 취하고 평정심을 회복해야 한다. 그렇지 않으면 편도체 납치 단계로 진행되고 말 것이다.

세상에 나쁜 감정은 없다

모든 감정, 심지어 견디기 힘든 감정도 나름의 기능이 있다. 인간에게 악영향만 주거나 느끼면 안 되는 감정 따위는 없다. 물론 나쁜 감정을 정해놓고 금지할 것을 종용하는 문화권도 존재한다. 대개 분노를 나쁜 감정으로 분류하지만 분노에는 중요한 보호 기능이 탑재되어 있다. 뭔가가 당신의 경계를 침범하거나 신념에 위배되는 일이 생기면 분노라는 감정은 경고를 해준다. 자신이 화가 났다는 걸 깨닫고 화를 제어할 능력이 있는 한 분노는 나쁜 게 아니다.

소셜 미디어, 영화, 광고에는 무한히 행복한 삶을 살아가는 완벽한 사람들이 나온다. 이런 매체에 계속 노출되다 보면 즐거움, 기쁨 같은 평범한 감정조차 쉽게 느끼지 못하는 자신에게 화살을 돌리기도 한다. 그러나 지금 이 순간 지구상에서 휴가를 즐기거나, 성공을 축하하거나, 지극히 화목한 가족 관계를 유지하거나, 산꼭대기에서 깨달음을 구하는 사람들이 얼마나 될 것 같은가. 왜곡된 현실에 현혹되지 말자.

정서적 자기 인식은 감정을 제대로 이해하는 데 도움을 준다. 세상에 비정상인 감정은 없으며 모든 감정은 한때일 뿐이다. 뿐만 아니라 감정은 삶에서 중요한 일이 벌어지고 있을 때 알람의 역할도 한다. 자신의 감정을 파악하고 이를 일상생활에 잘 녹여내면, 감정을 관리하고 표현하는 데 능숙해지고 살아가면서 직면하는 선택의 기로에서 현명한 결정을 내릴 수 있는 능력이 발달한다. 모든 감정은 저마다 나름의 기능이 있고 우리에게 가치 있는 정보를 제공한다. '좋다, 괜찮다, 바쁘다, 늘 똑같다' 같은 말 대신 168~169쪽에 소개되어 있는 다양한 감정 표현 언어를 사용해보자.

신체

자, 이제 신체의 관점에서 자기 인식에 대해 살펴보자.

당신은 몸과 어떤 관계를 맺고 있는가? 당신에게 있어 몸은 단순히 A 지점에서 B 지점으로 옮겨주는 이동 수단일 뿐인가? 의사의 도움이 필요한 부분이 있는가? 다이어트를 해서 체중을 관리하거나 운동으로 몸매를 다듬어야 한다고 느끼는가, 아니면 자신의 몸에 만족하는가? 자기 몸이 뭘 느끼고 뭘 필요로 하는지 감지할 수 있는가? 근육 수축이나 내장 기관이 찌르르한 느낌 같은 미묘한 메시지를 알아채고 직감할 수 있는가?

많은 이들이 몸의 가치, 몸을 보살피는 방법, 몸이 제공할 수 있는 데이터, 몸과 정신적, 정서적 행복 및 삶의 성공의 연관성 등을 간과한다.

직장 안팎에서 스트레스가 전염병처럼 퍼지는 모습은 흔하디흔하며, 몸 자체가 스트레스의 원인이 되는 경우도 부지기수다. 몇몇 통계 자료에 따르면, 병원을 찾는 환자의 75~90퍼센트는 스트레스와 관련된 문제 혹은 스트레스를 받은 몸 때문이라고 한다. 심리학자들은 불안이나 우울증 같은 심리적인 문제가 있는 사람을 만나면 그들의 식습관, 운동, 수면 패턴 등을 살펴본다. 사람들은 신체 활동과 심리적인 문제의 관련성에 대해 익히 알고 있지만, 자신의 선택이 자신의 몸에 어떤 영향을 줄지 크게 개의치 않고 행동하는 경우가 생각보다 아주 많다.

자칭 스트레스를 잘 받는 사람들의 생활을 살펴보면 수면, 운동, 식생활과 관련된 올바른 습관이 결여되어 있다. 반대로, 신체적 자기 인식력이 뛰어난 사람들은 몸이 필요로 하는 게 뭔지 알고 그것을 제공함으로써 불안과 스트레스를 낮추고 에너지와 동기 부여를 주입한다.

활력과 신체적 자기 인식력을 키울 수 있는 방법을 몇 가지 소개한다.

연습 1. 오감에 집중하기

식사를 할 때 아무 생각 없이 휴대 전화 화면을 보면서 먹지 말고 일주일에 한 번 정도 먹는 데 온 신경을 집중하는 연습을 해보자. 음식에 모든 주의를 기울이고 한 입 한 입 집중해 천천히 씹으면서 입안의 감각을 느껴보는 것이다.

- 음식을 삼킬 때마다 음식이 식도를 지나 몸 안으로 들어가는 게 느껴지는가?
- 배가 얼마나 부른지, 식욕은 어떤지 알 수 있는가?

방금 먹은 음식에 감사하는 마음으로 연습을 마무리하면서 순간을 즐긴다.

연습 2. 의식에 활력 불어넣기

현재 에너지가 높은가 낮은가? 나른한가 들뜨는가? 뭘 먹었는지 알고 있는가(그리고 배가 불러서 오후에 낮잠이 자고 싶어

졌는가)?

자신이 언제 활력이 넘치는지 알면 그 에너지를 의미 있는 일이나 업무에 활용할 수 있고, 활력이 낮을 때를 알면 쉬면서 몸을 재충전하라는 신호를 감지할 수 있다. 항상 기진맥진한 상태로 살아가면 생산성, 참여도, 삶의 만족도에 지대한 악영향을 미칠 수 있다.

몸이 보내는 신호에 주의를 기울여라

자극을 받으면 몸에서 어떤 느낌이 드는가? 어떤 사람들은 대놓고 속이 뒤틀리기도 하고, 어떤 사람들은 이를 갈거나 주먹을 휘두르기도 하며, 또 어떤 사람들은 심장 박동이 빨라지거나 눈살을 찌푸리기도 한다. 신체 인식은 신경계가 활성화되었을 때 자극을 받았는지 여부를 판단하는 필수 데이터를 제공한다. 그리고 이런 데이터를 바탕으로 본능적으로 생존에 위협이 감지되면 경고를 보내는 역할을 한다.

이와 같은 신체 신호가 감지되면 하던 일을 멈추고 심호흡을 하면서 시간을 가지라는 징후로 여겨야 한다. 다시 말해, 무작정 반응하거나 비난하지 말고 왜 그런 자극을 받은 건지 알아보아야 한다. 한 클라이언트는 이 기술을 배운 덕에 실직 위기를 면했다고 한다. 직장에서 자신을 공격하는 메일을 받고 화가 나 그에 맞대응해 만만찮은 답 메일을 보내려 했는데 문득 자신이 이를 갈고 있다는 사실을 알아차렸다. 자극 신호를 감지한 그녀는 메일을 보내지 않고 회사 밖에서 10분 정도 산책을 했다. 자리로 돌아와서 메일을 다시 읽어본 그녀는 과민 반응을 보였다는 사실을 깨닫고 쓰던 메일을 삭제했다.

한편, 신체 인식이 개선되면 소위 '직감'이라고 부르는 몸이 주는 지혜를 터득할 수 있다. 중요한 결정을 내려야 할 때 통찰력을 구하기 위해 위나 심장의 상태를 살피는 일은 실제로 효과가 있다. 연구에 따르면, 심장 및 내장 기관에 뇌와 비슷한 신경 세포가 수백만 개 존재한다고 한다. 그러므로 직감을 따른다는 말은 우리가 일반적으로 생각하는 것보다 더 과학적이고 유효할 수 있다.

몸을 제대로 인식하면 건강이 좋아지고 활력이 넘치고 삶의 즐거움이 커진다. 그러면 살면서 중요한 결정을 내려야 할 때 자신을 움직이는 자극을 파악하고 스트레스를 관리하면서 몸과 마음이 선사하는 지혜에 귀를 기울일 수 있다.

내적 자기 인식의 마지막 영역인 영성은 현대 사회에서 특히 중요하면서도 많은 이들이 발길을 끊은 지 오래인 것이기도 하다. 자신의 영성 혹은 고귀한 자아와 조율이 잘 된다는 것은 자신이 추구하는 가치관대로 잘 살고 있다는 뜻이자 삶의 목적을 충분히 숙지하고 있다는 뜻이다.

신앙심이 있든 없든, 자신을 영적인 사람으로 여기든 그렇지 않든 중요하지 않다. 여기서 말하고자 하는 요지는 세상에 기여하는 방식을 명확히 알고 있느냐에 대한 것이다. 다시 말해, 해결하고자 하는 문제, 이루고 싶은 변화, 남들에게 어떻게 기억되고 싶은지가 중요하다. 영성을 좀 더 깊은 차원에서 짚어보면, 자신이 초월적인 뭔가와 연결되어 있으며 삶의 의미를 이해하고 있다는 인식 자체를 말한다. 흥미로운 점은, 다른 세 가지 영역인 정신, 감정, 신체에 대한 자기 인식이 증가하면 영성에서의 자기 인식도 발전하고 스스로가 생각하는 가장 높은 수준의 목적이나 가치에 대한 감각 또한 확실해진다.

현대인들이 진짜로 중요한 것들과 제대로 관계를 맺지

못하는 이유는 현대 사회에 만연한 불안감, 외로움/단절감, 우울증, 그리고 주변에 대한 배려 부족과 전혀 무관하지 않다. 심리학자 유트카 프라이만Jutka Freiman은 이를 '영적 향수병Spiritual Homesickness'이라 지칭했다.

성공적인 삶을 영위하려면 자신의 핵심적인 가치관과 우선순위를 명확하게 설정하는 일이 필수적이다. 이를 위해 자신이 존경하고 또 성공의 표본이라고 생각하는 인물을 한두 명 정도 머릿속에 그려보는 것도 한 방법이다. 그들이 지니고 있는 가치관과 세상을 풍요롭게 한 방식을 한번 적어보고 이를 읽어 내려가며 내면의 반응에 귀 기울여보자. 이를 통해 자신이 추구하는 가치관과 목적 설정을 위한 영감을 얻을 수 있다. 그리고 자신이 생각하는 가장 높은 수준의 자아를 대표하는 가치관과 되고 싶은 모습이 반영된 선언문을 작성해본다.

인생 영역 중요도 평가 리스트

다음 표는 인생 영역을 열 개로 나눈 것이다. 현재 각 영역이 본인에게 얼마나 중요한지 0에서 10까지 점수를 매겨 평가

한다. 여러 개의 영역에 대해 같은 점수를 매겨도 괜찮다. 그다음 지난 두 달 동안 각 영역에 얼마나 많은 시간과 노력을 투자했는지 0부터 10까지 점수를 매긴다.

	중요도	투자한 시간과 노력
가족		
연애		
사회적 관계		
직업		
교육		
레크리에이션		
종교/영성		
공동체 참여		
신체적 행복		
정서적 행복		

다양한 분야의 중요도와 그 분야에 투자한 시간과 노력을 모두 평가한 뒤 각 영역을 살펴보면서 삶에 격차가 존재하는 곳을 파악해보자. 중요하다고 생각하면서도 시간을 너무 적게 투자하는 영역은 어디인가? 별로 중요하지도 않은데 시간을 너무 많이 들이는 영역은 어디인가? 그리고 이런 차이에 대해 인지하고 있었는가?

삶에서 가장 중요한 영역을 확실히 알게 되면, 우선순위를 정하고 행동과 시간 배분이 중요한 영역과 일치하는지 반성하는 인지 수련이 가능해진다. 자신의 행동에 책임을 지되, 여기서의 목적은 완벽을 추구하는 게 아니다. 늘 목표나 가치관에 일치하는 삶을 사는 건 불가능하다. 중요한 건 자신이 어떻게 살고 있는지 성찰하는 능력과 풍요롭고 행복한 삶을 위해 자신을 다듬고 변화시키는 능력이다.

자기 인식은 삶의 나침반과 같다

미래의 풍경은 시시각각 바뀌고 있다. 오래된 지도는 쓸모없어질 것이고, 정보는 계속해서 유행에 뒤처져가고 있다. 무엇을 해야 하는지, 어떤 전략적 방향을 취해야 하는지 누구도 확답을 줄 수 없다.

우리에게 최고의 선물은 지도가 아니라 나침반이다. 자기 인식은 우리가 길을 벗어났을 때 알려주고 우리에게 중요한 것으로 돌아가게 해주는 나침반과 같다.

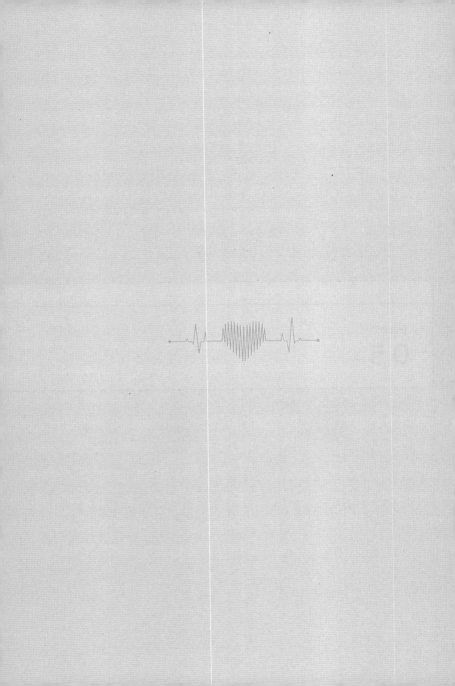

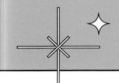

Part
05

공감
Empathy

Part
05

성인이 된 지금까지 소중하게 남아 있는 어린 시절의 기억을 하나 소개한다. 어렸을 때 아빠와 함께 카페에서 사탕수수 주스를 마시곤 했다. 종업원이 거품 많고 끈적끈적한 초록색 액체가 담긴 잔을 테이블로 가져다주면 아빠가 낡은 스위스 군용 칼로 플라스틱 빨대를 적당한 길이로 잘라 주스를 쉽게 마실 수 있게 해주었다. 아주 간단하고 사소한 행동이었지만 내게는 큰 감동이었다. 왜냐하면 아빠의 이런 배려는 내가 세상을 경험하는 방식을 아빠가 이해하고 있다는 걸 의미했기 때문이다. 그래서 이렇게 오랜 세월이 지난 지금도 여전히 이 일을 기억하는 것이다.

공감이란 그런 것이다. 공감은 다른 사람의 세계와 그들의 경험을 이해하고 있다는 걸 보여주는 능력이다. 즉, 잠시 자기 안경을 벗고 다른 사람의 안경을 빌려 써봄으로써 그 사람이 보는 세상이 어떤지 깨닫는 순간을 가지는 것이다. "아, 당신은 세상을 이렇게 바라보는군요. 이제야 알겠어요." 혹자는 공감을 다른 사람의 신발을 신고 걷는 것, 다른 사람의 눈을 통해 세상을 바라보는 것에 빗대기도 한다. 자신의 시선을 상대방의 입장으로 전환하는 공감 능력은 직장 동료, 연인, 가족, 친구 등 다른 사람을 대할 때 엄청난 차이를 만들어냄으로써 흡사 마법 같은 효과를 가져온다. 공감은 한 개인을 타인과 깊숙이 연결될 수 있게 해주는 매우 중요한 휴먼 스킬이다.

기술이 대신할 수 없는 인간의 공감 능력

기술 및 자동화가 주류인 미래 세계에는 관련 기술을 가진 사람에 대한 수요도 대폭 증가할 것이다. 몇 년 전 세계 최고의 인적 자본 전문가이자 경영진 헤드 헌팅 회사 이곤 젠더Egon Zehnder의 글로벌 파트너인 일레인 유Elaine Yew로부터 '공감 경제'라는 개념을 처음 듣게 되었다.

그가 말한 대로, 이제는 식당에서 종업원을 통하지 않더라도 태블릿으로 음식을 주문할 수 있다. 하지만 식사를 하는 내내 당신을 신경 써주는 식당 직원과 이야기하면서 느끼는 감정을 대체할 만한 건 없다. 인공 지능으로 작동되는 챗봇에게 의학적 조언은 받을 수 있지만 공감 능력이 뛰어난 의사를 만났을 때의 양질의 경험은 능가할 수 없다.

일전에 불안 증세를 겪는 친척과 함께 병원에 간 적이 있다. 다행히 의사는 친척의 마음을 잘 공감해주었고 이를 옆에서 지켜보는 입장에서도 정말 멋진 경험이었다. 쿠아이 혁Kua Ee Heok 교수는 환자를 안심시키고 농담을 던지며 친척이 겪는 일은 사람이라면 누구나 겪을 수 있는 경험의 일부일 뿐이라고 말했다. 과학 기술이 아무리 발전한들 로봇이 쿠아 교수가 해준 것처럼 경험에서 우러난 조언을 재현할 수는 없을 것이다. 때문에 공감에 능한 사람들에 대한 수요는 지금도 그렇고도 앞으로도 많을 것이라 쉽게 예측할 수 있다.

반복적이고 규칙적인 일은 점진적으로 자동화 공정이 대신하게 될 것이다. 이런 분야를 제외하고 인간에게 남아있는 일은 어떤 형태로든 '공감' 요소를 지닐 수밖에 없다. 이미 다양한 영역에서 이와 같은 추세가 드러나고 있다. 강의실에서 처음으로 공감 능력에 대해 가르치기 시작했을 때만 해도 학생들 대부분이 앞으로 가지게 될 커리어와 공감능력을 동떨어진 개념으로 인식했다. 하지만 지금은 MIT나 스탠퍼드 같은 세계 유수의 대학에서 학생들에게 디자인 사고Design Thinking라는 공감 능력 기반의 방법론을 가르치고 있다. 다가올 미래 사회를 대비하기 위한 실용적인 해결책으로서 인간 중심적 접근법을 제시한 것이다. 디자인 사고는 공감에서부터 출발한다. 당신이 목표로 삼는 사람의 입장이 되어 그 사람이 직면한 문제를 그 사람의 눈으로 바라보는 것이다.

앞서 환자에게 공감을 잘 하는 의사의 힘에 관해 언급했다. 의료 분야에서 공감은 다루기 힘든 환자의 치료 결과에 상당한 영향을 미친다. 세계 곳곳에서 진행된 다양한 연구 결과, 공감도가 높은 의사의 환자들은 감기든 당뇨병이든 우울증이든 상관없이 예후가 훨씬 좋다는 사실이 밝혀졌다.

하지만 의과 대학 관계자들은 경험을 통해, 의대생들의 공감 수준이 학년이 올라갈수록 점점 줄어든다는 사실을 알고 있다(많은 연구 조사를 통해서도 입증된 사실이다). 아마도 학년이 높아질수록 스트레스를 많이 받고 학사 일정도 빡빡하기 때문에 공감 능력 감소로 이어지는 게 아닌가 싶어 일견 이해가 되기도 한다. 그렇다 하더라도 이런 추세는 염려스러울 수밖에 없으므로 전 세계 대학에서 강의와 의료 수련 과정에서 공감 능력을 향상시켜줄 새로운 방법을 찾고 있다.

대학뿐만 아니라 구글, 시스코^{Cisco}, 포드^{Ford} 같은 유명 기업들 또한 공감 능력에 주목하고 있다. 현재 미국 고용주의 20퍼센트가 공감력 향상 훈련을 제공하고 있으며, 10년 뒤에는 그 비율이 두 배가량 늘어날 것으로 추정된다.

공감은 직장에서도 여러 가지 방법으로 차이를 만들어 낸다. 기업이 고객이나 클라이언트에 공감하면 친밀감과 신뢰가 쌓여 원만하고 지속 가능한 관계를 유지하는 일이 가능해진다. 고객에게 찾아가는 서비스를 제공하거나 고객의 걱정, 바람, 불만에 대해 알아내는 등 비교적 간단한 행위만으로 공감을 보여줄 수 있다. 에어비앤비의 공동 창업자들은 막 회사를 설립했을 무렵 뉴욕에 있던 초창기 호스트들의 집을 직접 방문해 그들과 시간을 보냈다고 한다. 에어비앤비 공동 창업자 중 한 명인 브라이언 체스키^{Brian Chesky}는 다음과 같은 말을 했다. "무언가를 열 명의 사람이 좋아하게 만드는 건 정말 어렵다. 하지만 그 사람들과 많은 시간을 함께 보낸다면 전혀 어렵지 않다. 동료 평가 시스템이니 고객 지원이니 하는 개념은 우리가 처음 도입한 것이다. 우리는 단순히 사용자들을 만나기만 한 게 아니라 그들의 집에서 같이 지냈다. 생각해보라. 당신이 오로지 아이폰만 쓴다 한들 스티브 잡스^{Steve Jobs}가 찾아와 한집 생활을 하진 않을 것이다. 하지만 나는 우리 호스트들의 집에서 먹고 자고 했다."

한편, 공감은 직장 문화를 변화시키고 협업을 강화할 수 있다. 50명이 넘는 직업 코치, 심리학자, 운영 및 업무 관계 직원들로 구성된 팀을 이끌 때였다. 팀이 비대해지자 팀원들은 그룹 전체를 상대하기보다 소규모 정보 교환을 더 편안해한다는 걸 깨달았다. 업무가 바빠지면서 팀원들은 문제가 생기거나 해답이 필요할 때만 서로를 찾게 되었다. 직장에서의 관계가 철저한 거래 중심으로 변모한 것이다.

그래서 새로운 규칙을 정했다. 금요일마다 팀 회의를 시작할 때 서로에 대한 감사를 표현하기로 한 것이다. 보수적인 대학 문화에서는 낯선 모습이었기 때문에 처음에는 감사를 나누자는 말에 다들 어리둥절한 표정이었다. 하지만 리더는 이루고자 하는 변화의 모범이 되어야 한다. 그래서 매주 겪은 일, 그 주의 가장 큰 실패나 어려움, 크든 작든 감사하는 일들을 팀원들에게 먼저 이야기하기 시작했다.

팀원들이 서로 감사를 나누는 것의 의미를 이해하기까

지는 그리 오래 걸리지 않았다. 매주 흥미로운 에피소드를 공유하고 서로의 삶에 대해 새로운 것을 알게 되었다. 부서장 B의 어머니가 치매 투병 중이고, 그가 어머니를 불렀을 때 어머니가 잠시 미소를 지어서 아주 기뻤다는 사실 등을 알게 되었다. 또, 동료인 J는 다른 직원들과 서로 화장법을 바꾸어보는 시간을 가졌는데 다들 아주 재미있어했다고 한다. 누군가는 마케팅팀에서 일하는 V가 회의실에서 남은 물병을 모아 화분에 물을 주는 모습을 보았다는 이야기도 했다. 이제 팀원들은 매주 한 번씩 돌아오는 감사의 시간을 무척이나 기다리게 되었다. 이 귀중한 시간 동안 서로의 눈을 통해 세상을 바라보고, 기쁨이든 괴로움이든 다른 이들의 감정을 느낄 수 있기 때문이다.

감사 연습을 시작하고 한 달쯤 지난 어느 날 회의에 늦는 바람에 열심히 뛰어 회의실에 도착했다. 회의실에 들어갔을 때 경력 코칭 담당 과장이 말하길, 다들 회의 시간 20분 전부터 모여 간식을 나누어 먹었다고 했다. 그녀는 대학에서 7년 넘게 일했지만 이렇게 회의 시간보다 일찍 오거나 회의를 진심으로 즐기는 팀은 본 적이 없다는 말도 덧붙였다.

팀원 가족의 이혼이나 사망 같은 슬픈 소식을 전한 순간도, 학생 1만 명이 참가한 대규모 커리어 축제 행사를 무사히 마무리 지은 걸 축하했던 순간도 기억한다. 일을 떠나 직원들의 개인적인 면모를 알고 그들의 이야기에 귀를 기울이고 또 기울이면 업무 효율이 얼마나 높아지는지 아마 깜짝 놀랄 것이다. 그러니 일단 시도해보자.

시선을 바꾸면 공감이 쉬워진다

어느 정도 규모가 있는 기업이라면 개인이나 팀 혹은 부서 간에 공감 부족으로 갈등이 생기기 마련이다. 이럴 때 서로 역할을 바꾸어봄으로써 공감력을 높일 수 있다. 다른 사람들의 관점을 이해할 수 있도록 며칠(혹은 몇 시간) 동안 역할을 바꾸고 경험해보는 것이다. 예를 들어, 소프트웨어 엔지니어가 영업 직원과 함께 고객을 방문해 고객이 우려하는 점과 고객에게 중요한 점이 무엇인지 파악할 수 있다.

관점을 변화시켜보겠다고 공식적이고 거창하게 역할을 전환할 필요는 없다. 평소의 루틴 또는 작업 환경을 살짝 바꾸거나 다양한 배경을 가진 다양한 사람들을 만나보아도 좋다. 인사팀 직원들이 도입을 고려 중인 새로운 탄력 근무 정책이 타당한지 시험하기 위해 직접 재택근무를 하면서 실험해볼 수 있는 것처럼 말이다.

옛 동료 중에, 중요한 혁신 작업을 진행하는 동안 자신의 전망 좋은 개인 사무실을 포기하고 사방이 트인 공용 사무실 한복판에 앉아서 일하던 사람이 있었다. 열린 공간으로 나와 자신이 이끄는 팀원들과 함께 앉아 일하는, 어쩌면 단순한 그 행동만큼 그녀가 팀원들과의 관계를 얼마나 중시하는지 확실히 증명할 수 있는 건 없었을 것이다.

한편, 주변에 다양한 사람들을 두고 새로운 관점을 접하는 것도 가치 있는 통찰력을 얻거나 낡은 문제를 해결하는 데 도움이 된다. 회사의 의사 결정자 대부분은 경력 내지는 근무 햇수 덕에 그 자리에 오른 사람들이다. 그런데 이른바 '요즘 시대'에는 예전 방식이 통하지 않는 새로운 패러다임이 많아도 너무 많다.

프록터 앤드 갬블Procter & Gamble의 전 사장 겸 CEO A. G. 래플리A.G.Lafley는 강연에서 밤잠을 방해할 정도의 걱정거리가 있느냐는 질문을 받았다. 그는 한참 동안 생각하다가 마침내 이렇게 대답했다. "내 경험 때문에 새로운 문제들을 옛날 방식으로 보게 될까 봐 밤에 잠이 안 옵니다." 그리고 자기가 관행적으로 이용하는 방법을 하나 알려주었다.

문제에 대해 늘 하던 대로 제안하고 싶은 충동이 들 때마다 일부러 48시간 동안 답을 미루고 시간을 내서 자신과 다른 연령, 배경, 경험 등을 가진 사람들과 상의함으로써 문제를 새로운 시각에서 접근하는 것이다.

공감은 사업 성과를 늘리고 직원 만족도를 높이는 데 큰 역할을 하기 때문에 미래에도 중요한 업무 능력일 것이라 확신한다. 2019년에 실시한 '직장 내 공감 상태 연구'는 공감이 이제는 문화, 혁신, 생산성, 이익에 지대한 영향을 미치는 핵심적인 직무 가치가 되었다는 사실을 보여준다. 이 연구에서 직원의 93퍼센트가 공감을 중시하는 회사에 계속 다닐 가능성이 크다고 응답했다. 심지어 82퍼센트는 조직의 공감 능력이 부족할 경우 직장을 그만둘 생각이 있다고 했다. 회사의 재무 성과가 직장 내 공감 능력과 연관이 있다는 건 의심의 여지가 없다. 조직 내부의 공감 능력을 개선할 필요가 있다고 강조하며 현재의 공감 능력도를 낮게 평가한 CEO가 72퍼센트였고, 58퍼센트의 CEO가 직장에서 지속적으로 공감을 드러내는 게 힘들다고 답했다.

글로벌 공감 지수는 공감도가 높은 기업의 경우 낮은 기업에 비해 직원 1인당 순이익이 훨씬 많이 발생한다는 사실을 꾸준히 보여준다(최대 50퍼센트). 업무 환경에서의 공감은 수익성을 높일 뿐만 아니라 직원 유지율 및 참여도도 개선시킨다.

공감은 충분히 학습이 가능하며 잘 배우기만 하면 단순한 기술 이상의 힘을 발휘한다. 최근 연구에 따르면, 태어날 때부터 가지고 있는 공감 능력은 전체의 10퍼센트뿐이고 나머지 90퍼센트는 후천적으로 배울 수 있는 기술이라고 한다. 공감을 이해하고 실천한다면 스스로를 이끌어주는 삶의 원칙이 되는 동시에 자기 자신이나 다른 사람들과의 연결 고리가 되어줄 것이다.

공감은 받는 사람과 주는 사람 모두에게 소중하다는 사실을 지적하는 명확한 연구 결과가 있다. 공감의 주된 이점은 다음과 같다.

- 감성 지수를 높인다. 감성 지수는 불확실한 미래를 대비하는 데 큰 역할을 한다.
- 공동의 문제 해결을 돕는다. 이는 복잡한 문제를 해결하기 위해 다양한 그룹과 협력해야 하는 뷰카 시대에 엄청난 도움이 된다.
- 관계를 건전하게 발전시킨다. 미래에는 관계를 맺고 신뢰를 쌓는 데 중점을 두는 능력이 중요해지므로 공감은 거의 모든 직업 분야에서 점점 더 유용해질 것이다.

- 기분이 좋아진다. 공감을 주고받을 때 연인끼리의 애정이나 부모와의 유대감을 느낄 때 나오는 호르몬인 옥시토신이 분비된다. 다른 사람과의 긍정적인 상호 작용 후 짓게 되는 미소 같은 기분 좋은 감정적 요소는 로봇이 절대 복제할 수 없는 경험이다.

공감은 대학, 집, 직장, 지역 사회 등 삶의 모든 부분에서 신뢰 관계를 형성하는 실마리다. 서로 마음 깊이 공감하면 사람 및 집단 사이의 장벽이 허물어지고 다른 사람을 열린 마음으로 이해하게 된다.

공감의 세 가지 유형

심리학자 대니얼 골먼 박사와 폴 에크먼 Paul Ekman 박사는 공감을 인지적 공감, 감정적 공감, 동정적 공감이라는 세 가지 유형으로 분류했다.

인지적 공감

인지적 공감은 정신적 형태의 공감으로서 다른 사람의

생각과 기분을 읽을 수 있는 상태를 말한다. 일종의 조망 수용Perspective Taking(나와 남이 다르다는 사실을 인지하고 타인을 그 사람의 관점에서 이해하는 능력)으로, 사람들에게 동기를 부여하거나 사람들을 설득하거나 협상하는 데 유용하다. 하지만 다른 사람의 기분을 아는 것과 그 사람을 배려하는 것은 별개의 문제다. 예를 들어, 고객으로부터 최대한 많은 돈을 끄집어내는 방법을 아는 판매원은 인지적 공감 능력이 탁월할 것이다. 속마음을 아주 정확하게 읽을 줄 아는 포커 챔피언 또한 마찬가지다.

골먼은 자아도취가 심한 사람, 권모술수에 능한 사람, 반사회적 인격 장애자 등이 이 분야에서 재능을 발휘하는 경우가 종종 있다고 말한다. 여기서 한 걸음 더 나아가, 감정 전문가 에크먼은 잔인성을 세밀하게 조정하기 위해 인지적 공감 능력을 가지길 원하는 고문 전문가의 예를 들었다. 물론 인지적 공감 능력이 반드시 남을 조종하는 행동과 상관관계가 있는 건 아니다. 인지적 공감은 긍정적인 결과를 도출할 때도 손쉽게 사용할 수 있다. 일례로, 높은 수준의 공감 능력을 지닌 경영자는 직원들의 의욕을 북돋우고 참여도를 높일 수 있으며 이는 좋은 성과로 이어진다.

감정적 공감

　감정적 공감은 자기 몸의 감각이 다른 사람이 겪는 감정을 그대로 반영하는 감정 중심적 공감이다. 단적인 예로, 끔찍한 사고를 목격하면 몸이 자동으로 움찔하거나 움츠러드는 것 등을 들 수 있겠다.

　감정적 공감은 거울 신경 세포라고 하는 뇌의 한 부분에서 촉발된다. 거울 신경 세포는 전운동 피질과 하두정 피질에 존재하는 작은 세포 회로다. 분노, 행복, 슬픔 같은 감정을 느끼는 사람을 보면 뇌의 거울 신경 세포가 자극을 받는다는 사실이 신경 과학 연구를 통해 드러났다. 즉, 거울 신경 세포는 우리가 다른 사람을 볼 때 그들의 입장이라면 어떤 기분일지 인지하도록 도와주는 것이다. 아기가 웃는 모습을 보고 같이 따라 웃는 건 거울 신경 세포가 얼굴에 미소를 띠게 하는 일련의 신경 활동을 일으키기 때문이다.

　감정적 공감을 경험할 때 다른 사람이 느끼는 감정을 이해하게 되므로 그들과 더 깊은 관계를 맺을 수 있다. 감정적 공감 능력이 뛰어난 사람들 주변에는 그들과 친해지고 싶어 하는 사람들이 많다. 그리고 풍부한 감수성과 호감을 바탕으로 동료, 친구 등의 상담자 역할을 도맡는 경우도 많다.

　하지만 감정적 공감 능력이 뛰어난 사람들은 다른 사람

의 감정에 휩쓸리는 '감정 전염'을 겪는 일이 흔하다. 사무실의 비공식 인생 상담가로 유명했던 예전 동료가 있었다. 그녀는 매일 아침 웃는 얼굴로 출근했다. 그러다 점심시간 쯤 되면 힘든 고민을 털어놓고 싶어 하는 사람들과 마주치기 일쑤였고, 그 사람의 고통을 함께하면서 문제 해결을 위해 애쓰며 하루를 보내는 게 예사였다. 그녀의 친절한 마음씨는 직장 내 모든 사람들의 호감을 불러일으켰지만, 정작 자기 자신에게는 집중하지 못하고 다른 사람들의 일을 우선순위로 두는 데에 너무 많은 시간을 할애해버린 사실을 뒤늦게 깨닫게 되었다.

감정적 공감은 아름답고 심오한 인간적 자질이나 적당히 선을 그을 줄도 알아야 한다. 자신의 건강한 친절함을 유지하기 위해 때로는 남의 요청을 거절하고 자신부터 돌볼 줄 알아야 한다. 그래야 다른 사람을 돕기 위한 새로운 에너지를 획득할 수 있다. 명심해라. 우물이 비면 물을 퍼줄 수 없다.

동정적 공감

동정적 공감은 가장 높은 수준의 공감이다. 일부 전문가들은 이를 '공감적 염려'라고 부르기도 한다. 동정적 공감 능력이 있으면 다른 사람의 경험을 그저 보거나 느끼는 데서 끝나는 게 아니라 그들을 지지하거나 도와주는 행위로 이어진다. 가령, 길에서 고통스러운 사고를 당한 사람을 보면 그들과 함께 울어주기만 하는 게 아니라 구급차를 부르거나 병원까지 따라가는 등 힘닿는 데까지 도와주려고 한다.

아들이 아홉 살 때 침대 모서리에 머리를 부딪치는 사고를 당했다. 아이가 다친 모습을 보는 일은 부모에게 일어날 수 있는 가장 최악의 시나리오다. 아이를 병원에 데려가니 간호사가 아이의 상처를 꿰맬 수 있도록 아이를 꼭 붙잡고 있어야 한다고 말했다. 아들이 괴로워하며 몸부림쳤지만 침착하게 아이를 끌어안고 달랬다. 집으로 돌아와 아이를 재운 다음에서야 비로소 압도적인 감정의 파도가 밀려오면서 눈물이 솟구쳤다. 사고가 일어나고 치료를 받으면서 아무 감정도 느끼지 못했다는 말이 아니다. 다만, 아들에 대한 사랑과 엄마로서의 책임감으로 그 순간 아이에게 최선인 일에 집중할 수 있었고, 그 말인즉슨 속으로는 피를 토할 것 같은 심정이어도 겉으로는 평온하고 침착한 모습을 유지했다는 이야기다.

여기서 알아두어야 할 게 있다. 동정적 공감에서 지원이나 도움을 제공한다는 것이 반드시 문제 해결 모드에 돌입

한다는 뜻은 아니다. 적절한 대응의 기준은 상황에 따라 달라진다. 친구가 사적인 문제를 털어놓을 때 그 문제를 해결하는 데 집중하는 것보다 모든 관심을 친구에게 쏟고 친구의 이야기를 잘 들어주는 게 더 좋다. 사람들은 잘못한 일에 대해 즉각적인 진단을 내리고 이를 해결하기 위한 철저한 계획을 세워주는 것보다 차나 한잔하면서 문제를 말해보라는 간단한 제안을 더 고마워한다.

공감적 소통에는 공식이 있다

공감적 소통은 일종의 언어와 같다. 어떤 사람에게는 공감적 소통이 매우 자연스럽지만, 그렇지 않은 사람의 경우에는 간단한 공식만 기억하면 공감을 표현하는 방법의 규칙을 배울 수 있다.

대학에서 처음 공감 워크숍을 시작했을 때 이 강의를 가장 좋아한 학생들은 다름 아닌 공대 남학생들이었다. 그들은 더 원활한 의사소통을 위한 공식을 원했다. 한 학생은 공감적 소통 공식을 지켰을 때 여자 친구와 말다툼할 확률이 최소 80퍼센트 이상 줄어들었기 때문에 이 공식을 적어 침대 머리맡에 붙여두었다고 한다.

따라 하기 쉬운 공감 레시피

공감적 소통에는 다섯 가지 측면이 있다. 다행히 이 다섯 가지 모두 학습이 가능하다. 하나씩 자세히 살펴보자.

- **몸짓 언어**
- **공감적 경청**
- **감정 인식**
- **언어 반응**
- **행동 반응**

몸짓 언어

개방적인 자세(팔짱을 끼거나 다리를 꼬지 않는 것 등)를 취하고 상대방을 마주 보면서 모든 걸 받아들이겠다는 눈빛을 보낸다. 매우 기본적인 이야기처럼 들리겠지만, 우리가 전달하는 의사 가운데 상당 부분이 몸짓 언어와 비언어적 신호를 통해 전달되는데도 불구하고 이를 실천하지 않는 경우가 많다.

그리고 휴대 전화를 치워야 한다. 누군가와 대화할 때 손에 휴대 전화를 들고 있다는 사실을 잊어버릴 때가 많다. 아무리 전화가 든 손을 아래로 늘어뜨리고 있다 해도 상대방은 당신의 관심을 언제라도 휴대 전화에 빼앗길 수 있다는 걸 무의식적으로 알아차린다. 상대방이 하고 싶은 말이 있다고 할 때 "아무래도 중요한 말을 하려는 모양이군요. 중간에 휴대 전화 때문에 방해받지 않도록 잠깐 치워둘게요."라고 말해보자. 별것 아닌 듯하지만 엄청난 차이가 생길 것이다.

공감적 경청

경청의 수준은 매우 다양하다. 이 중 공감적 경청은 가장 높은 수준의 경청이다. 단순히 상대가 말하는 단어나 내용을 뛰어넘어 함부로 판단하지 않으면서 그 사람이 실제로 느끼는 기분을 이해하려고 노력하는 능력이다. 《성공하는 사람들의 7가지 습관》의 저자 스티븐 코비Stephen Covey는 경청을 5단계로 나누어 경청 연속체 모델을 제시했다. 다음은 수준이 가장 낮은 것부터 차례대로 설명한 내용이다.

- 무시하기 : 누군가가 말하는데 일부러 관심을 기울이지 않는 것이다.

- 듣는 척하기 : 누군가 말할 때 고개를 끄덕이면서 흥미롭게 듣는 척하지만 사실 마음은 딴 데 가 있다.

- 선택적 듣기 : 누군가 말하는 동안 특정 키워드가 들릴 때만 귀를 기울여 메시지의 일부분만 듣는다. 때로는 상대의 말을 중간에 끊고 자신이 관심 있는 쪽으로 대화를 이끌거나 말을 가로채기도 한다.

- 주의 깊게 듣기 : 자신의 시간과 관심을 제공해 누군가의 말을 듣고 그 사람의 말을 끊지도 않지만, 정신은 여전히 자신의 관점이나 기준 안에 갇혀 있다. 누군가 새 직장을 자랑한다면 당신은 그 사람의 말을 주의 깊게 들으면서도 속으로는 나 같으면 절대 그 직업을 선택하지 않을 텐데, 하고 생각한다. 즉, 상대의 말을 열심히 듣긴 하지만 공감하지는 않는 것이다.

- 공감적 경청하기 : 가장 수준 높은 이 단계에서는 상대에게 깊은 관심을 기울이면서 단어나 내용 이상의 의미를 감지하고 대화 이면에 숨겨진 참뜻을 찾아내려고 한다. 개방적인 태도로 상대를 섣불리 판단하지 않으며 상대방의 눈으로 세상을 바라보는 데 집중한다.

공감적 경청 연습하기

일주일간 다른 사람들과 대화를 나누는 동안 자신의 경청

수준을 평가하고 필요하다면 경청의 질을 높이도록 노력해
보자.

외향적 성향의 한 회사 임원은 클라이언트를 대할 때 경청
을 기본자세로 삼아야 한다는 걸 자신에게 상기시키기 위해
살을 꼬집어서 견딜 수 있는 동안에만 말을 한다는 원칙을
세워두었다고 한다.

이 방법을 시도해보아도 좋고 이보다 덜 고통스러운 방법을
선택해도 괜찮다.

감정 인식

감정 인식은 타인의 감정을 알아차리기 위해 진지하게
노력하는 것이다. 상대에게 "그런 일이 생겼을 때 기분이 어
땠어?"라고 물어보거나 "크게 좌절했나 보다." 하고 추측하
는 것도 한 방법이다. 상대의 감정을 이해하려고 시도하는
순간 그 사람은 당신이 자신을 걱정하고 중요하게 여긴다
는 걸 느끼게 된다.

감정 인식을 잘 하려면 감정 이해력이 필수다. 감정 이
해력은 의사소통 능력을 향상시키고 다른 사람을 이해하는
데 중요한 요소다.

감정 인식 연습하기

일정 기간 동안 자기감정에 이름을 붙이는 연습을 해보자. 예를 들어, 순간순간 느껴지는 감정을 표현하는 적절한 단어를 떠올려본다. '괜찮아, 좋아, 그냥 그래' 같은 일반적인 단어 대신 '신나, 궁금해, 짜증 나' 같은 단어를 써서 감정을 구체화하는 것이다.

감정을 표현하는 어휘가 다양해지면 스스로의 감정을 잘 설명할 수 있고 다른 사람의 감정에 주목하는 데도 도움이 되어 정서 지능이 높아진다.

- 기쁨 : 중요한 일을 상기시킨다. → 훌륭하다, 뿌듯하다, 몰두하다, 고맙다, 안심되다
- 신뢰 : 타인과 연결되고 타인을 지지하는 데 도움이 된다. → 믿다, 감사하다, 안전하다, 지지받다
- 예측 : 계획을 활성화한다. → 들뜨다, 간절히 바라다, 희망하다, 열성적이다
- 놀람 : 집중하라는 일종의 경고와 같다. → 깜짝 놀라다, 경악하다, 의외다, 혼란스럽다
- 슬픔 : 자신 및 타인과 관계를 맺어야 하는 필요성을 일깨운다. → 무시당하다, 고립되다, 후회하다, 사이가 멀어지다
- 혐오 : 건전하지 않거나 효과가 없는 걸 거부하게 한다. → 실망하다, 혐오하다, 반감을 가지다, 못마땅하다

- 두려움 : 위험으로부터 자신을 보호한다. → 불안하다, 확신이 없다, 걱정되다, 무섭다, 회의적이다
- 분노 : 문제와 맞서 싸울 동기를 부여한다. → 짜증 나다, 좌절하다, 화나다

언어 반응

언어 반응은 상대방의 말에 대응해서 하는 말이다. 여기서 핵심은 상대방의 경험을 이해하기 위해 진심 어린 개방형 질문을 던지는 것이다.

또 하나 중요한 건 대화의 초점이 이야기하는 상대방에게 계속 머물러 있어야 한다는 점이다. 상대방이 이야기하는 도중에 불쑥 끼어들어 "맞아! 나도 똑같은 일이 있었어."라든가 "아, 그건 별로 나쁜 것도 아니야. 나한테는 무슨 일이 있었는지 들어봐 봐!"라고 말한 적이 한 번쯤은 있을 것이다. 또, 상대방을 개인적인 의견을 바탕으로 판단하거나 '나 같으면 ○○했을 텐데'라든가 '어떻게든 ○○했어야지' 같은 말을 하는 것도 금물이다. 대화의 초점은 언제나 상대방이 하는 말과 그 사람의 관점에 맞추어져 있어야 한다. 상대방의 말을 듣는 당신 혹은 상대방의 문제와 비슷한 일을 겪었을 때 기지를 발휘해 극복해낸 당신의 경험은 중

요하지 않다. 대화의 중심이 된 상대방은 자신의 존재감을 확인하고 이런 경험은 그 사람과 당신을 더 가까운 사이로 만들어준다.

자신과 자신의 관점에 대해서만 말하다 보면 상대에게 아무리 좋은 조언을 해주어도 상대는 당신과 멀어진 기분을 느끼게 된다. 이는 당신이 상대방의 말을 경청함으로써 쌓고자 했던 친밀감과 정반대되는 결과가 아닌가.

언어 반응 연습하기

상대방이 겪은 이야기를 할 때 개방형 질문을 던져보자.

나쁜 질문	좋은 질문
지금은 괜찮잖아?	기분이 좀 어때?
와, 난 그런 일은 절대 당하고 싶지 않아. 정말 안됐다!	힘들겠다. / 어떡해. / 실망했겠네.
괜찮을 거야. 걱정 마.	어떻게 이겨내고 있어?
이렇게 해야 돼. *상대가 조언을 구하는 상황이 아닌 이상 이런 말은 NO!	어떻게 할 생각이야?
난 그보다 더 지독한 일도 겪었어! 무슨 일이 있었냐면…….	어떤 상황인지 이해가 된다. 네가 무슨 말을 하는지 알 것 같아.

어떤 기분인지 내가 정확히 알지.	와, 네 기분이 어떨지 상상조차 할 수가 없다.
그냥 잊어버리고 넘어가.	그렇게 느끼는 게 정상이지. 얘기하고 싶으면 다 얘기해봐.

행동 반응

행동 반응은 즉각적인 행동에 뛰어드는 게 아니라 적절한 행동을 보여주는 걸 의미한다. 때로는 아무 말 없이 그 사람 옆에 조용히 앉아 있는 것처럼 간단한 행동일 수도 있다.

대부분의 사람들은 행동 반응을 보이거나 해결책을 제시해주는 것보다 남들이 자신에게 주목하면서 자기 말을 들어주는 쪽을 더 바란다.

행동 반응 연습하기

상대방의 말에 반드시 답을 주거나 해결책을 제시할 책임을 질 필요는 없다. 타인과 좋은 관계를 유지하고 발전시키고 싶다면 그 사람에게 당신의 모든 관심을 세심하게 기울이기만 하면 된다. 오프라 윈프리(Oprah Winfrey)가 말했듯 사람들이 어떤 문제와 관련해서 알고 싶어 하는 건 딱 세 가지다. 내 말을 듣고 있는가? 날 보고 있는가? 내가 한 말이 당신에게 조금이라도 의미가 있는가?

간단히 해볼 수 있는 행동 반응으로는, 누군가의 말을 듣기 위해 일부러 시간을 내거나, 당신이 도와줄 수 있는 방법을 몇 가지 제시하거나("내가 이렇게 하면 당신에게 도움이 될까요?" 혹은 "뭔가 다른 게 필요할까요?"), 조언을 원하는지 물어보는 것 등이 있다.

공감은 인간의 특권이다

공감은 인간으로서 가질 수 있는 선물 같은 자질 중 하나다. 어찌 보면 사소해 보이지만 공감이 가진 휴먼 스킬 잠재력을 간과해서는 안 된다.

공감은 정신뿐만 아니라 마음, 가치관, 신체와도 관련이 있다. 나아가 공감은 단순한 도구나 기술을 넘어서서 한 개인이 인류 전체나 외부 세계와 연결되어 있음을 느끼게 하는 근원이기도 하다. 사실 인간의 운명은 서로 간에, 혹은 다른 생명들과, 혹은 우리가 사는 이 지구와 원만한 관계를 맺을 수 있는지 여부에 달려 있다고 할 수 있다. 작가 헨리 데이비드 소로Henry David Thoreau는 "우리가 한순간 서로의 눈을 들여다보는 것보다 더 큰 기적은 없다."라고 말했다. 미래 사회를 살아가는 해답은 다른 어떤 첨단 기술보다 인간인 우리 자신 안에 있다는 것을 기억해라.

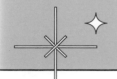

Part
06

복잡한 의사소통
Complex Communication

Part
06

4차 산업 혁명 시대에는 복잡한 의사소통 상황에 대비해 사고력과 의사소통 능력을 기르는 일이 필수다. 로봇, 채팅봇, 인공 지능은 입력된 메시지를 전달하거나 예/아니오 같은 간단하고 기본적인 수준의 의사소통이 가능하다. 이런 분야를 제외하면 인간에게는 수없이 많은 미묘함으로 무장된 복잡한 의사소통 관련 분야가 남는다. 세계 경제 포럼의 미래 일자리 보고서에 따르면, 2020년에 필요한 상위 열 가지 기술 가운데 일곱 가지 이상이 커뮤니케이션 기술과 직접적인 관련이 있다고 한다.

우리는 단순한 메시지 전달자에서 벗어나 까다로운 대화를 처리해야 하며, 적당히 선을 지키며 공감하는 능력을 길러야 한다. 1년에 한 번 저 위의 높은 사람들로부터 소극적인 피드백을 받는 것보다 직속 상사를 비롯한 주변 사람들에게 계속해서 적극적인 피드백을 전달하거나 요청하는 게 좋다. 또한, 감정을 담아두지 말고(그러다가 쌓이고 쌓인 분노를 한꺼번에 폭발시키지 말고) 대인 관계에서 발생하는 곤란한 긴장 상태를 수시로 탐지해 이것이 악화되어 심각한 피해를 입히기 전에 갈등을 해결해야 한다.

노벨상 수상 물리학자 닐스 보어Niels Bohr는 단순한 진리의 반대는 거짓 진술이지만 심오한 진리의 반대는 또 다른 심오한 진리일 수 있다고 했다.

완벽하게 옳거나 완벽하게 그른 방식이란 건 없다. 게다가 세상은 그 어느 때보다 정교한 의사소통 기술을 필요로 하며 점점 더 복잡해지고 있다. 미래 사회에는 지금보다 훨씬 더 많은 진리와 올바른 방향이 존재할 수 있는 것이다.

요즘 같은 글로벌 시대에는 다양한 문화적, 사회적, 경제적 배경은 물론, 다양한 성 정체성을 가진 사람들의 관점까지 고려해야 한다. 트위터Twitter나 기타 온라인 메신저 플랫폼 같은 대중적인 커뮤니케이션 수단은 수백만 명의 수신자에게 즉시 도달할 수 있고, 중요한 재정적, 사회적, 정치적 의미를 띠고 있어 특히 중요하다.

일론 머스크가 테슬라Tesla를 비상장 회사로 전환하겠다는 트윗을 올림으로써 수백만 명의 팔로워와 투자자들이 혼란에 빠졌고 이는 거래 폭주와 연방 소송으로 이어졌다. 이보다 규모는 작을지언정 한 명한테만 보내려던 메일을 수많은 사람을 참조해 보내는 실수 또한 이와 비슷한 피해를 발생시킬 수 있다.

복잡한 의사소통은 더 이상 무엇이 옳고 그른지에 대한 단순하고 확정적인 진술을 할 수 없다는 의미를 담고 있다. 하지만 보편적인 옳고 그름을 떠나 지금 우리에게 옳은 게 무엇인지를 판단하기 위해서는 위험이 따르더라도 용기를 내 여러 가지 실험을 해볼 필요가 있다.

안타깝게도, 복잡한 의사소통 능력은 자연스럽게 터득하기 힘들다. 특히나 요즘처럼 지나치게 단순화된 의사소통이 팽배한 세상에서는 더욱 그렇다. 현재를 살아가는 우리들이 직면한 심각한 의사소통 문제 두 가지를 꼽으라면 단연 흑백 사고와 선형적 사고를 들 수 있다.

흑백 사고란?

주변에서 '좋다/나쁘다, 옳다/그르다' 같은 소위 흑백 언어를 사용하는 사람들을 쉽게 찾아볼 수 있다. 이런 엄격하고 확실한 규칙은 복잡한 머리를 정리하는 데 도움이 되고 의도만 좋다면 해롭지 않다. 하지만 이와 같은 메시지와 규칙이 아주 오랜 시간 동안 몸에 배어버리면 결국 무의식의 일부가 된다. 특정 규칙에 의문을 품거나 그 규칙이 이 순간, 이 상황, 이 맥락에 적합한지 고려하지 않게 되면서 비판적 사고를 방해하는 것이다.

요즘 같은 시대에 흑백 사고를 지닌 사람들은 특히 직장에서 커다란 문제에 직면해 있다. 뭐가 옳고 뭐가 그른지는 상황에 따라 달라진다. 2년 전에 어떤 프로젝트가 성공했다고 해서 지금도 그렇게 되리라는 법은 어디에도 없다. 과거에 어떤 개인, 기업, 정부의 성공에 효과적이었던 것이 미래에는 더 이상 도움이 되지 않거나 오히려 실패를 부추길 수도 있다.

기업들이 미래를 대비한 조언을 요청해올 때 대부분의 고위 간부들은 과거에 성공했던 제품 및 전략에서 탈피하는 걸 매우 꺼린다. 새로운 시도를 했다가 실패하면 이른바 '성공 공식'을 망쳤다며 비난할까 봐 두렵기 때문이다.

흑백 사고자들은 인생을 제로섬 게임으로 간주하지만 알다시피 인생은 그보다 훨씬 복잡 미묘하다. 이런 양분법적인 사고방식에 길들여진 사람들에게는 생각의 폭을 넓혀주는 '어떤 부분에 손을 댈 수 있는가, 어려운 부분이 있는가, 어떤 지원이 필요한가, 어디서부터 시작할 수 있는가'와 같은 질문을 수시로 던져야 한다. 단순한 흑백 사고를 해결하기 위해 그 중간인 회색 영역을 끌어들이는 것이다.

선형적 사고란?

선형적 사고는 단계별 진행 과정을 무조건적으로 따르는 단순한 사고방식으로, 특정 과업에 숙달되어 그 단계를 완료해야 다음 단계로 넘어갈 수 있는 비디오 게임과 유사하다. 선형적 사고의 생각 과정은 한 가지뿐이라서 대안의 여지가 없다. 문제나 과업의 완성으로 향하는 올바른 길이 하나밖에 없는 것이다.

그러나 현실 세계에서는 무엇이 효과가 있는지 판단하기 위해 여러 가지 전략을 동시에 시도해야 하는 경우가 많다. 계획을 세우고 진행하면서도 이 과정을 계속 재평가해야 한다. 그리고 계획대로 되지 않는 긴급 사태를 대비한 대책까지 세워두어야 한다. 문제 해결을 위한 수평적 사고에는 창의성, 간접 경로, 불분명한 대안들도 포함된다. 성공으로 향하는 여러 가지 길 중에서 뭐가 옳은지에 대해서는 해결책을 찾는 작업에 착수하고 오랜 시간이 지나야 정확한 그림을 그릴 수 있다.

물론, 선형적 및 비선형적 사고방식과 문제 해결 방법은 둘 다 나름의 장점이 있다. 그러나 문제의 종류와 맥락에 따라 취사선택할 수 있는 사고력 및 인식 능력이 없으면 그 장점을 취할 수 없다.

현대 사회에서 독창적인 사고는 중요할 수밖에 없다. 전혀 관련성이 없어 보이는 두 지점의 연결 고리를 찾아냄으로써 참신한 해결책에 도달하는 데에 비선형적이고 혁신적인 사고방식과 인간의 능력이 결정적인 역할을 하기 때문이다. 무엇보다 틀을 벗어난 사고 과정은 인간을 알고리즘과 구분해주는 결정적인 요소이기도 하다.

비선형적 문제 해결 방식에는 심사숙고하기, 일기 쓰기, 당면한 일이나 과업에서 벗어나 휴식 취하기, 산책하기, 다양한 사람들과 대화하기, 무관해 보이는 자료 읽기 등이 포함될 수 있다. 이런 조건들은 다른 방법으로는 찾지 못했던 창의적인 해결책을 떠올리는 데 도움을 준다.

단순하게 생각하고 소통하는 이들은 직장에서 빈번하게 좌절감을 느낀다. 어떤 일이 계획대로 되지 않을 때 어떻게 해야 하는지 알려주는 매뉴얼이나 규칙을 찾지 못하면 사고가 중단되어버린다. 또, 그들은 어색한 대화에 대처하는 의사소통 기술이나 인지 능력, 정서적 감수성이 결여되어 있어 중요한 문제를 회피하면서 수동적이고 공격적인 행동에 의지한다. 이런 태도로는 뷰카 세상에서 생존하기 힘들다. 낡은 사고 패턴으로는 뷰카 세계의 복잡성 수준에 대처할 수 없다.

복잡한 의사소통은 아주 복합적으로 진행된다. 따라서 이 책에서 지금까지 다룬 모든 능력이 종합적으로 필요하다. 정신에 지배당하지 않으려면 자신과 상대방에게 집중하고 큰 그림을 보아야 한다. 또한, 의사소통 전이나 토론 중에 과하게 흥분되지는 않았는지 수시로 감지하고 컨트롤함으로써 현명한 행동을 유도하는 자기 인식 능력도 필요하다. 앞서 관점을 바꿀 수 있는 능력이자 신뢰를 쌓는 토대로 기능하는 공감에 대해 언급했다. 공감은 복잡한 의사소통 과정에서도 막대한 역할을 한다. 다른 사람들은 당신이 진정으로 그들을 이해하는지 그냥 그런 '척'하는지를 본능적으로 알 수 있다.

이 파트에서는 대표적인 복잡한 의사소통 휴먼 스킬이라 할 수 있는 양질의 피드백을 주고받는 방법과 까다로운 대화 및 갈등을 헤쳐나가는 방법에 초점을 맞추려 한다. 체계적인 복잡한 의사소통을 가능하게 하는 최고의 노하우를 알려줄 예정이므로 아주 능숙하고 효과적인 의사소통 전문가가 될 마음의 준비만 하면 된다.

상대방을 잘 알아야 대화가 가능하다

누군가와 소통하기 전에 내가 이야기하는 사람이 누구인가, 라는 질문을 필수적으로 던져야 한다.

상대방에 대해 잘 알고 있는가? 지피지기면 백전백승이란 말도 있듯이 대화 상대를 파악하는 일은 아주 기본적이면서도 중요하다. 단 몇 분만 투자하면 필요한 정보를 얻어낼 수 있음에도 이 단계를 귀찮아하거나 잊어버리는 사람들이 너무나 많다. 대화 상대가 어떤 사람인지에 대해 생각하는 시간을 건너뛰어버리면, 그보다 훨씬 많은 시간을 낭비하게 되고 나아가 신뢰나 성공적인 결과를 얻을 기회에 악영향을 미칠 수 있다. 제안서를 쓰든, 봉급 인상과 관련한 중요한 대화를 준비하든, 전화로 고객을 상대하든 상관없이 잠시 공감 능력을 발휘하는 시간을 가지자. 그들의 입장이 되어 중요한 질문 세 가지를 던져보는 것이다.

질문 1. 이 사람은 관계 대 과업 스펙트럼에서 어디에 위치하는가?

관계 대 과업 스펙트럼에서 관계 쪽으로 치우쳐 있는

사람들은 일반적으로 수다스러운 편이고 말과 행동에 허물이 없다. 또, 사교적이고 호감형이며 감정을 편안하게 털어놓는다.

관계를 중시하는 사람과 의사소통을 할 경우 일단 근황을 물어보면서 그들을 한 인간으로서 알아가려는 태도를 보여주는 게 좋다. 이런 사람들은 갈등을 불편하게 여기기 때문에 부정적인 피드백이 불가피할 때는 이와 균형을 이루는 긍정적인 피드백을 동시에 주어야 한다.

'○○하면 기분이 어떨까?' 또는 '○○하면 흥미롭지 않을까?'와 같은 질문으로 감정에 호소하는 것도 한 방법이다. 이보다 더 효과적인 방법은 그들에게 보여주고 싶은 성공의 모습을 시각화하고 감정을 자극하는 것이다. "탕비실을 개조해서 커피 바를 만들면 어떨지 상상해보세요. 커피를 마시면서 브레인스토밍을 하면 새로운 아이디어도 더 많이 샘솟고 재미있을 거예요."

한편, 관계 대 과업 스펙트럼에서 과업 쪽으로 치우쳐 있는 사람들은 원하는 성과를 올림으로써 동기 부여가 되며 어떤 상황이든 체계적으로 각이 잡힌 상태를 선호한다. 이들은 격식을 차리는 일을 중시하며 겉으로 표현을 잘 하지 않는 경향이 있다.

과업을 중시하는 사람과 의사소통할 때는 변죽을 울리지 않고 단도직입적으로 말하면서 명확한 행동 계획(가능하면 비상 계획안도 한두 개 정도 포함시켜)과 각 계획을 뒷받침하는 합리적인 이유 및 기술 자료를 제시하는 게 좋다. SWOT(강점, 약점, 기회, 위협) 분석은 과업 지향적인 사람을 설득하는 데 큰 도움이 된다. 과업 쪽으로 치우친 사람들은 이정표를 정해두는 걸 좋아하고 자신의 결정과 선택이 최선이었음을 인정받고 싶어 한다. 이들과 대화 시 성취나 결과물을 높이 사는 듯한 말을 많이 해주자. 그러면 동기 부여에 큰 도움이 될 것이다.

질문 2. 이 사람의 현재 몸과 마음의 상태가 어떠한가?

인간은 수면, 하루 중 시간대, 상황 같은 다양한 변수에 따라 행동이 크게 달라지는 가변적인 생물이라는 점을 잊지 말아야 한다.

우리는 판사를 편견이나 다른 요인에 쉽게 흔들리지 않는 이성적인 존재로 생각하고 싶어 한다. 하지만 한 유명한 사회 과학 연구에서 1천 개 이상의 법정 판결을 조사한 결과, 아침 시간에 가석방 재판을 받으면 유리한 판결이 나올 가능성이 65퍼센트나 된다는 사실을 알아냈다. 그러다 시간이 지나 피곤해진 판사들의 의지력이 바닥나면서 점심시간쯤 되면 유리한 판결을 받을 가능성이 0에 가깝게 줄어들었다. 흥미롭게도, 점심시간이 끝난 뒤에 똑같은 일이 벌어졌다. 판사들이 점심 식사 후 휴식을 취하고 상쾌해진 기분으로 자리에 돌아오면 유리한 판결이 나올 확률이 다시 65퍼센트로 뛰었다가 하루해가 저물 때까지 하락세가 이어졌다. 이는 심신의 상태가 의사소통에서 중요한 부분을 차지한다는 걸 보여준다.

상대방의 기분이나 활력 상태가 가장 좋을 때를 고려해서 의사소통 전략을 세울 경우 먼저 시간을 잘 맞추어야 한다. 누군가가 당신과 대화를 하려고 하는데 그 사람의 컨디션이 좋지 않거나 정신이 딴 데 팔려 있는 상태라면, 대화를 마무리 짓고 그들이 준비가 되었을 때 후속 대화를 이어갈 수 있도록 일정을 다시 잡는 게 훨씬 효과적이다.

당신의 감정이나 활력 상태 역시 매우 중요하다. 사활이 걸린 대화 전에는 반드시 충분한 휴식을 취하고, 잘 먹고, 최대한 침착한 태도를 유지해야 한다. 파트 3에서 소개한 마음챙김 수련은 대화를 나누기 전에 마음의 준비를 잘할 수 있게 도와줄 것이다. 대화 도중에도 간단한 마음챙김 수련법을 활용할 수 있다. 다음 내용으로 넘어가기 전에 잠시 말을 멈추고 땅에 닿아 있는 두 발을 느끼거나, 대화 중에 깊게 숨을 들이쉬면서 부교감 신경계를 자극해 마음을 진정시킬 수도 있다.

마지막으로, 상대방이 이 대화를 어떻게 생각해주었으면 좋겠는지 생각해본다. 미국의 시인 마야 안젤루^{Maya Angelou}는 "사람들은 당신이 한 말이나 행동은 잊어버리지만 당신이 어떤 기분을 느끼게 했는지는 절대 잊지 않을 것이다."라고 했다. 상대방에게 침착하고 수용적인 태도를 보이면서 당신이 그들의 감정을 매우 중요하게 생각한다는 점을 알게 하자.

질문 3. 이 사람이 중요하게 여기는 것과 필요로 하는 것은 무엇인가?

우리는 대화를 할 때 상대방의 요구와 가치관을 무시하고 자기중심적인 접근법을 택하는 일이 많다. 이는 잠재적인 위험이나 위기를 느끼면서 편도체가 자극을 받기 때문이다. 이로 인해 우리는 방어적이거나 공격적인 투쟁 회피 모드에 진입하게 된다.

그러나 상대방의 요구나 가치관을 무시하면 대화가 교착 상태에 빠지거나 권력 투쟁을 겪게 된다. 누구나 충족시키고 싶은 욕구를 지니고 있으며, 당신뿐만 아니라 상대방도 스스로의 욕구에 주의를 기울이길 원한다는 사실을 명심하자.

심리학자이자 조정관인 마셜 로젠버그Marshall Rosenberg는 글로벌 조직 내에서의 분쟁 협상과 중재에 관한 연구로 정평이 나 있다. 로젠버그가 주장하는 중요한 원칙 중 하나는 모든 갈등은 보편적인 인간의 욕구를 충족시키려는 시도에서 비롯된다는 것이다. "당신은 안정적인 걸 원할지 모르지만 난 창의성이나 자극이 필요해." 그는 갈등은 자신의 욕구가 타인의 욕구와 충돌하기 때문에 생기는 게 아니라, 자기 욕구를 충족시키려는 전략이 타인의 욕구 달성 계획과 상반되기 때문에 생긴다고 했다.

대화의 이면에 숨어 있는 욕구에 주의를 집중하면 피상적인 세부 사항에 너무 집착하지 않으면서 생산적인 대화를 나누게 되고 결과적으로 상대방을 더 잘 이해할 수 있게 된다.

한 동료와 클라이언트 메일을 두고 갈등을 겪은 적이 있다. 클라이언트의 메일에 바로 답을 하지 않으면 조바심이 나서 동료에게 언제 답장을 할 건지, 도와줄 건 없는지 계속 물어보곤 했다. 그러면 그는 세세한 것까지 관리받는다는 기분에 언짢음을 표현했다. 메일에 관한 무의미한 논쟁에 지쳐 이 문제에 대해 허심탄회하게 이야기해보는 장을 마련했다. 대화 끝에 우리는 이런 갈등이 메일 때문이 아니라 명료함과 편안함, 휴식과 자유를 원하는 상반된 욕구 때문에 발생한 일이란 걸 깨달았다. 서로의 욕구 수준에서 보면 그가 휴식과 자유를 중요시하는 것에는 문제 될 게 아무것도 없다. 이는 누구나 공감할 수 있는 보편적인 인간의 욕구이기 때문이다. 그도 마찬가지로 명료함과 편안함에 대한 욕구에 아무런 이의가 없었다. 명료함을 인정하고 편안함을 좋아하며 이런 보편적인 인간의 욕구에 공감했던 것이다.

서로의 욕구를 존중하면서 문제에 접근하자 메일이라는 피상적인 수준에 얽매이지 않고 자신과 상대방의 욕구를 동시에 만족시키기 위해 뭘 할 수 있는지 고민하게 되었다. 그러면서 대화를 훨씬 깊이 있고 생산적인 수준으로 이끌어갈 수 있었다.

중요한 대화 연습하기

가족, 동료, 친구 등 다른 사람과 나누어야 하는 중요한 대화를 생각하면서 10분 동안 다음과 같은 세 가지 질문에 대한 답을 적어보자.

1. 이 사람은 관계 대 과업 스펙트럼에서 어디에 위치하는가?
2. 이 사람의 현재 몸과 마음의 상태가 어떠한가?
3. 이 사람이 중요하게 여기는 것과 필요로 하는 것은 무엇인가?

상대방을 배려하기 위한 토대가 마련되었으니 이제 피드백을 주고받는 기술을 자세히 살펴볼 차례다.

≡ |×

지금은 고품격 피드백의 시대

피드백은 우리가 다른 이들에게 미치는 영향을 이해하고, 자신의 모습을 잘 인식하며, 끊임없이 변화하는 세상을 헤쳐나가기 위한 전략을 수정할 수 있게 도와준다. 때문에 피드백은 사회생활에서든 사생활에서든 강력한 힘을 발휘할 수밖에 없다. 특히 밀레니얼 세대는 피드백에 남다른 가치를 두고 있기 때문에 피드백의 기술을 이해하는 일은 매우 중요하다. 참고로, 밀레니얼 세대는 2016년 미국 노동 인구 가운데 가장 규모가 큰 세대가 되었으며, 2020년까지 전 세계 노동력의 3분의 1 이상을 차지할 것으로 예상된다.

밀레니얼 세대는 컴퓨터 게임, 통계 자료, 방대한 양의 데이터, 헬리콥터 부모(자녀의 모든 것에 지나치게 관여하는 부모를 일컫는다) 등으로부터 끊임없이 피드백을 받으며 성장했다.

이런 밀레니얼 세대가 그들과 관리자 사이의 피드백은 1년에 한 번이면 족하다고 여기는 전통적인 업무 환경에서 일하게 되면, 사기가 꺾여서 의기소침해지거나 성취감을 느끼지 못하게 될 수도 있다. 갤럽Gallup의 연구에 따르면, 관리자들과 정기적인 만남을 가지는 밀레니얼 세대는 업무에 적극적으로 참여할 가능성이 두 배 이상 높다고 한다. 또 다른 조사에 따르면, 관리자에게 지속적으로 정확한 피드백을 받은 밀레니얼 세대의 72퍼센트가 직장에서 만족감을 느꼈지만, 그렇지 못한 경우 38퍼센트만이 만족감을 느꼈다고 한다. 실제로 액센추어Accenture, 제너럴 일렉트릭General Electric, 딜로이트Deloitte 같은 세계적인 기업들은 지속적이고 비공식적인 커뮤니케이션과 피드백을 지향하는 기업 문화로 변신하기 위해 형식에 불과했던 연례 평가 과정을 단계적으로 폐지했다.

소위 훌륭한 팀에는 고품격 피드백에 필수적인 심리적 신뢰가 갖추어져 있다. 뿐만 아니라 효과적으로 피드백을 제공할 수 있는 의사소통 기술과 수단도 마련되어 있다.

이처럼 직장에서 피드백이 중요한 부분을 차지함에도 피드백을 잘 주는 사람은 찾아보기 힘들다.

쓰레기 샌드위치의 딜레마

은행원으로 일하던 시절에 상사가 '쓰레기 샌드위치'라는 마법의 피드백 공식을 가르쳐준 적이 있다. 나쁜 소식이나 부정적인 피드백을 전해야 하는 경우 긍정적인 칭찬(식빵) 두 가지 사이에 불쾌한 이야기(쓰레기)를 끼워 넣으라는 것이다. 예를 들면, 이런 식이다.

보고서 빨리 보내줘서 고마워요. 그래프 형식과 시각 효과가 아주 마음에 드네요.

그런데 데이터가 조금 부정확하고 클라이언트가 이런 접근 방식을 좋아하지 않을 수도 있어서요.

다행히 마감일을 다음 주까지 연장했으니 지난번 프로젝트 때처럼 좋은 보고서를 제출해줄 것으로 기대하고 있을게요.

한번은 프로젝트팀의 일원이자 나이가 훨씬 더 많은 동료에게 나쁜 소식을 전해야 했다. 이유는 알 수 없으나 클라이언트가 프로젝트에서 그가 참여하는 부분을 중단시킨다는 결정을 최종적으로 내렸다는 소식을 그에게 전달하는 임무를 맡았다. 그는 몇 달 동안 그 일에 매달렸던 참이었다. 있는 힘껏 용기를 끌어모아 심호흡을 하면서 그의 사무실로 들어갔다.

"안녕하세요. 잠깐 시간 되나요?"

"네." 그가 끙, 하고 앓는 소리를 냈다.

어찌 되었든지 간에 열심히 연습해온 말을 떠들기 시작했다. "지금까지 당신이랑 일해서 정말 즐거웠고 배운 것도 아주 많아요. 다만……"

"저……." 그가 내 말을 가로막았다.

"네?" 쭈뼛거리며 간신히 대답했다.

"돼지한테 립스틱을 바르려고 하지 말아요." 그가 위엄 있게 말했다. "정말 모욕적이니까."

혼란에 빠진 채 사무실로 돌아와 '돼지한테 립스틱 바르기'를 검색해보았다. 뭔가를 매력적으로 꾸미려고 애써보았자 속아 넘어가지 않는 상황을 뜻하는 속어라고 했다.

그가 하려던 말은, 쓰레기 샌드위치의 내용물을 이미 꿰

뚫어 보았으니 영혼 없는 사탕발림이 섞이지 않은 피드백을 직접적으로 받는 편이 낫다는 것이었다. 앞서 언급했던 대화 상대 제대로 알기 단계를 간과해버린 참혹한 결과였다. 조금만 잘 생각해보았다면 그가 직무에 집중하는 사람이자 솔직하게 말하는 걸 선호하는 사람이라는 사실을 깨달았을 것이다. 이후로도 오랫동안 쓰레기 샌드위치 방법이 여러 가지 이유로 실패하는 걸 경험했다.

어떤 사람들은 부정적인 피드백을 감지하면 직접적인 방법을 선호한다. 또, 어떤 사람들은 쓰레기 샌드위치의 긍정적인 칭찬에 집중해서 거기에만 반응하고 그 속에 묻혀 있는 부정적인 피드백을 놓친다. 시카고대학교의 행동 과학자인 스테이시 핀켈슈타인Stacey Finkelstein과 아일릿 피시바흐Ayelet Fishbach가 진행한 연구 결과, 사람들은 부정적인 피드백을 받아도 그 피드백이 그다지 구체적이지 않으면 자기가 잘하고 있는 것으로 간주한다.

게다가 연구진들마저 긍정적인 피드백과 부정적인 피드백 중 어느 쪽이 더 효과적인지 의견 일치가 되지 않기 때문에 문제는 더 복잡해진다. 일부에서는 긍정적인 피드백은 하급 직원들을 지도하는 데에 활용하면 좋고, 부정적인 피드백은 전문가나 경험이 많은 사람들에게 유용하다고도 주장한다.

그런가 하면 긍정적인 피드백은 목표를 달성할 수 있다는 자신감과 기대감을 높이고 부정적인 피드백은 자신감을 약화시킨다고 말하는 이들도 있다. 그러나 다른 동기 부여 이론들은 부정적인 피드백이 더 열심히 노력하는 데 필요한 신호를 보내면서 목표 추구를 뒷받침한다는 정반대되는 주장을 한다.

여러 이견에도 불구하고 중요한 것은, 지속 가능한 변화를 이루려면 긍정적인 피드백과 부정적인 피드백이 모두 필요하다는 점이다.

피시바흐는 또 새로운 일을 추구하거나 어떤 도전을 시작할 때는 긍정적인 피드백에 잘 반응하지만, 이미 숙련된 상태라면 부정적인 피드백을 많이 활용해야 한다는 의견을 밝혔다.

이제부터 실용적이고 전문적인 피드백을 제공하는 방법에 대해 본격적으로 살펴보자.

SBIFI 피드백 모델

피드백을 하기 전에 그 피드백을 통해 이루고자 하는 게 무엇인지 생각해보아야 한다. 피드백에는 세 가지 목적이 있다.

- 긍정적인 행동을 강화한다.
- 도움이 되지 않는 행동을 수정한다.
- 자기 인식을 높이고 미래를 위한 방향을 제시한다.

SBIFI 피드백 모델은 창조적 리더십 센터가 개발한 SBI 모델에서 영감을 얻었다. 여기에 앞으로 나아가면서 조정할 수 있는 것에 집중하고, 집단 내에서 협력적인 사고방식을 구축하는 데 주력한다는 두 가지 요소를 추가했다.

SBIFI 모델에서는 피드백을 받는 사람들에게 신경을 쓴다. 죽이 되든 밥이 되든 팀으로서 한배를 탔고, 팀원의 성공을 위해 투자와 케어를 아끼지 않으며, 그들의 잠재력을 무한히 신뢰한다는 것을 보여주기 위해서다. 이런 접근 방식은 피드백을 받는 개인이 긍정적이고 의욕 충만한 경험을 할 수 있도록 성장형 사고방식(더 노력하면 나아질 수 있다는 사실을 아는 것, 파트 7에서 자세히 설명할 것이다)의 힘과 집단 내 공감의 힘을 섞은 것이라 할 수 있다.

SBIFI는 상황^{Situation}, 행동^{Behavior}, 영향^{Impact}, 미래^{Future}, 내집단^{In-group}의 앞글자를 딴 두문자어다. 하나씩 살펴보자.

상황

상황은 관찰한 행동에 대해 사실에 근거한 시간과 장소를 설명하는 것이다. (가능하면) 이야기할 상황을 하나만 선택해서 최대한 구체적으로 말하는 게 좋다. 스탠퍼드대학교의 클리포드 나스^{Clifford Nass} 교수는 대부분의 사람들은 한번에 한 가지 비판적 논평만 받아들일 수 있다고 주장했다. 나스 교수는 〈뉴욕 타임스〉에 실린 기사에서, "난 많은 비판을 받아들일 용의가 있지만 그 비판을 한꺼번에 듣고 싶지는 않다."라고 말했다.

- 좋아요! : 어제 아침 팀 회의 때……
- 싫어요! : 항상……, 매번……, 만날 때마다……

머릿속이 복잡하고 신경 쓸 게 많더라도 최근에 벌어진

일들은 그 구체적인 내용을 자세히 파악해두는 게 좋다. 왜 그럴까? 첫째, 지나치게 광범위한 일반화는 상대에게 반론의 여지를 주거나 사실이 아닌 것으로 판명되기 쉬우므로 대화에서 도덕적 권위를 잃게 된다. 둘째, 사람들은 피드백 대화를 나누는 동안 이미 예민한 상태가 된다. 게다가 동시에 너무 많은 일을 논의하면서 뇌를 혹사시키는 건 비생산적이다.

논의해야 할 문제가 많다면 어떤 게 가장 중요한지 우선순위를 정한 다음, 피드백을 받는 사람이 한번에 처리할 수 있는 피드백 양이 얼마나 되는지 살펴보는 게 좋다. 물론, 이는 피드백을 받는 사람들의 성격, 경험, 전문성 등에 따라 달라질 것이다. 그러니 일단 상대를 파악하자.

행동

행동은 겉으로 또렷하게 드러나거나 감정적인 판단을 배제한 채 객관적인 입장에서 관찰한 행동에 대한 피드백을 전달하는 것이다.

- **좋아요! :** 어제 아침 팀 회의 중에 내가 하는 말을 두 번이나 가로막았고, 제시한 데이터도 부정확했죠.

- 싫어요! : 회의 준비를 제대로 한 적이 한 번도 없잖아요. 세세한 부분에 신경도 안 쓰고요. 지난주 회의 때는 내내 집중도 안 하고 계속 졸고 있었다고 누가 그러던데…….

성급한 일반화와 비난을 피하고 가급적 직접 목격한 행동을 구체적으로 예를 들어 말하는 데 집중한다.

영향

자기 행동이 다른 사람들에게 미치는 영향을 잘 모르는 사람이 많으므로 이 부분은 매우 중요하다. 다른 사람의 대변인이 되기보다 '나'라는 표현을 사용해서 자신의 견해를 분명하게 드러내자.

- 좋아요! : 내 말을 끊었을 때 화가 났어요. 내게 주의를 기울이지 않거나 내 의견을 존중하지 않는 것처럼 보였거든요.
- 싫어요! : 다들 당신이 주의를 기울이지 않는다고 느꼈어요. 당신 때문에 팀 사기가 떨어지고 있어요.

위의 '좋아요!/싫어요!'의 예를 다시 살펴보자. '○○하는 것처럼 보였다'는 말이 '주의를 기울이지 않았다'는 단정적인 말보다 비판적인 느낌이 덜하다는 걸 알겠는가? 그 이유는, 피드백 제공자가 어떻게 보였느냐에 대한 설명을 했을 뿐 반드시 진실이나 사실은 아니라는 걸 분명히 밝혔기 때문이다. 확정적으로 꼬리표를 달지 않고 그저 자신의 관점을 전달하면 상대방이 방어적인 태도를 보일 가능성이 낮다.

사람들이 흔히 빠지는 함정 중 하나는 '모두가 그렇게 느꼈다, 팀 전원이 그렇게 생각한다' 같은 선언을 하면서 자기가 마치 전 세계인의 대변인인 양 행동하는 것이다. 누구나 자신만의 관점이 있고 세상 누구도 당신이 겪은 경험의 진실에 이의를 제기할 수 없으니 다른 사람에게서 들은 것 말고 본인의 경험에만 계속 집중하자.

한편, 영향과 의도를 동일시할 필요는 없다. 어떤 사람이 선의로 보낸 메일이 받는 사람의 편견이나 추측으로 인해 의도하지 않은 불안을 불러올 수 있다. 이럴 때는 되도록이면 상대방의 의도를 선의로 해석하려고 마음먹는 게 좋다.

미래

건설적인 피드백에는 부정적인 행동을 변화시키거나 긍정적인 행동을 강화하기 위해 할 수 있는 일에 대한 논의가 포함되어야 한다.

　당신이 코치, 감독관, 관리자의 위치에서 다른 사람에게 피드백을 주어야 하는 입장에 놓여 있을 때, 피드백을 받는 사람에게 이런저런 제안만 할 게 아니라 그 사람이 미래에 할 수 있는 일들을 현시점에서 잠시 생각해볼 것을 요청할 수도 있다.

　● 좋아요! : 어떤 부분에 차별화를 둘 수 있었다고 생각해요?

　피드백을 받는 사람이 건설적인 해결책을 가지고 있다면 그 제안을 칭찬하면서 기반으로 삼을 수 있다. 그들이 아무 해결책도 떠올리지 못한다면 문제를 잘 생각해보고 추후에 다시 찾아오라고 하거나 당신의 의견을 제시하고 어떻게 생각하는지 물어볼 수도 있다.

　● 싫어요! : 여기서 어느 방향으로 가야 할지 모르겠군요. 제대로 사고 치셨네요.

내집단
SBIFI 모델의 마지막 요소인 내집단은 공통된 비전, 가치관, 목표와 목적을 가지고 전진하는 것에 중점을 둔다.

자신의 피드백이 받아들여지길 바란다면 이 단계는 필수적이다. 심리학자들이 과제물을 제출한 학생에게 교사가 다양한 피드백을 제공하는 실험을 진행했다. '표준 비평'이라고 하는 첫 번째 유형에서는 과제물의 내용을 비평했다. 두 번째 유형인 '지혜로운 비평'에서는 에세이 내용을 비평하면서 한 문장을 더 추가했다. 거기에는 높은 기준에 대한 설명과 학생을 믿는다는 말이 담겨 있었다.

다시 말해, 이런 식인 것이다. "이런 평가를 내린 건 학생에 대한 기대가 크고 학생이 그 기대에 부응할 수 있다는 걸 잘 알기 때문이다." 과연 어떤 일이 벌어졌을까?

놀랍게도, 간단한 지혜로운 비평 한 문장이 엄청난 변화를 일으켰다. 표준 비평을 받은 학생들은 에세이를 수정한 비율이 62퍼센트밖에 안 되었던 반면, 지혜로운 비평을 받은 학생들의 87퍼센트가 에세이를 수정했다.

더 흥미로운 사실은, 신뢰도가 낮은 학생으로 분류된 참가자들의 경우 표준 비평을 받은 학생은 단 한 명도 에세이를 수정하지 않았는데, 지혜로운 비평을 받은 학생들의 82퍼센트는 에세이를 수정했다는 것이다. 이는 지혜로운 비평이 신뢰도가 낮은 사람들에게 특히 중요하고 유용하며, 장기적으로 신뢰와 안전도를 높일 수 있음을 시사한다.

뇌는 안전을 추구하도록 프로그래밍되어 있다. 따라서 잠재력을 발휘할 수 있는 쪽으로 마음을 바꾸려면 수많은 확신과 안전 신호가 필요하다. 심리적으로 안심할 수 있는 문화권에서는 성과가 현저히 좋아진다는 연구 결과가 수없이 많다. 구글이 진행한 아리스토텔레스 프로젝트^{Project Aristotle}에서 연구진이 180개의 팀을 분석해본 결과, 성공적인 팀의 가장 중요한 요소는 심리적 안전감으로서 합의, 기술, 보상보다 훨씬 중요하다는 사실을 알아냈다.

● 좋아요! : 이런 피드백을 주는 이유는 당신이 해낼 수 있다는 확신이 들기 때문이에요. 우리는 같은 편이고 나는 당신의 성장을 도우려고 애쓰고 있어요. 팀과 조직의 비전을 위해 당신이 꼭 필요해요.

직장 밖에서의 시나리오도 예로 들어본다. "네게 이런 말을 하는 게 약간 망설여지긴 하지만 난 우리 우정을 소중히 여기고 또 우리 사이에 문제가 생기는 걸 바라지 않기 때문에 내 생각을 말하는 게 중요하다고 느꼈어. 너한테 좋은 친구가 되려고 애쓰고 있으니 내가 뭔가 거슬리는 행동을 하면 솔직하게 말해주면 고맙겠어."

- 싫어요! : 당신이 목표를 이룰 수 있을지 확신이 안 서네요. 지금 우리 팀의 발목을 잡는 건 당신뿐이에요. 다른 사람에게는 이런 문제가 없다고요.

긍정적 피드백의 힘

긍정적 피드백의 힘을 절대 과소평가하지 마라. 단순한 감사나 칭찬의 말 한마디가 다른 사람의 기운을 끌어올리거나, 관계를 변화시키거나, 결정적인 순간에 동기 부여를 할 수도 있다. 다음은 SBIFI 피드백 모델을 긍정적 피드백 상황에 적용한 것이다.

- 상황, 행동 : 오늘 점심에 새로 온 동료를 우연히 만났는데, 당신이 맡은 일이 아닌데도 시간을 내서 HR 시스템 사용법을 알려줘서 너무 고마웠다고 하더라고요.
- 영향 : 당신의 친절한 태도 덕에 새 직장에서 마음이 한결 편해졌고, 손쉬운 사용 방법을 가르쳐줘서 시간이 많이 절약됐다고 했어요.
- 미래, 내집단 : 자발적으로 팀워크를 발휘해주는 걸 보니 너무 좋아요.

협업과 지원 문화를 발전시키자는 게 바로 그런 거 아니겠어요. 앞으로도 잘 부탁해요.

피드백 전 체크 리스트

서둘러 피드백을 제공하고 싶더라도 시간을 들여 철저히 준비하면서 성공을 위한 분위기를 마련해두는 게 좋다. 유익한 피드백 대화를 준비하는 데 도움이 될 만한 체크 리스트를 소개한다. 특히 피드백을 주는 사람과 받는 사람 모두에게 감정적, 정신적으로 힘들 수 있는 부정적 피드백에 활용하기 좋다.

의도가 무엇인지 스스로에게 물어보기

피드백의 의도가 건설적이지 않다는 건(가령, 다른 사람의 잘못을 증명하는 데만 혈안이 되거나 자신을 무시한 것에 대해 복수를 하고 싶은 경우) 성실한 대화에 적합한 정신 상태가 아니라는 의미다. 자신의 의도를 바로잡아서 정당한 사유를 위한 피드백을 하려면 어떻게 해야 할까?

전후 사정 고려하기

전에도 이 문제를 언급한 적이 있는가? 계속 쌓여온 일인가? 자신이 책임져야 할 부분이 있는가? 만약 갈등을 빚는 게 싫어서 이 대화를 계속 미루어왔다면, 대화를 좀 더 일찍 나누었어야 했는데 필요 이상으로 오래 손을 놓고 있었다는 걸 상대방에게 솔직하게 털어놓고 인정하는 게 좋다.

한 번 더 확인하기

감정적으로 균형이 잡힌 상태인가? 판단을 흐리게 할 수 있는 다른 문제나 편견은 없는가? 상황을 좀 더 정확하게 파악하려면 정보가 더 필요한가?

SBIFI 피드백 모델에 따라 피드백 내용 미리 적기

피드백을 주는 데 능숙하더라도 내용을 종이에 적어서 검토해보는 게 좋다. 다시 잘 살펴보면 표현을 바꾸거나, 모진 부분을 누그러뜨리거나, 더 명확하고 설득력 있게 들리도록 강화해야 할 부분이 분명히 있다. 믿을 만한 사람에게 피드백 내용을 보여주고 그들의 생각을 물어보아도 좋다. 책임이 막중한 자리에 있을 때는 추후에 필요할 때 참조하기 위해서라도 피드백 내용을 적어두는 게 좋다. 미리 준비한 게 도움이 되지 않는 상황은 없다.

실행 계획하기

피드백 대화를 나누기에 알맞은 시간을 정하되 되도록 스트레스를 덜 받는 시간이 좋다. 까다로운 사람이나 상황에 대처해야 하는 경우에는 특정한 시간에 대화를 나누기로 미리 합의할 수도 있다. "피드백할 내용이 있어서 잠시 대화를 나누고 싶네요. 20분 이상은 걸리지 않을 겁니다."

대화 종료에 어려움이 생길 수 있다고 판단되면 미리 출구 전략을 세워두는 것도 한 방법이다. 예전 동료 중에 불안 증세가 심한 사람이 있었다. 그녀에게 피드백을 줄 때마다 엄청난 시간을 들여 마음을 가라앉혀주어야 했고, 내보내지 않고 그냥 두면 몇 시간씩 사무실에 머무르려고 했다. 고심 끝에 대화를 나눌 시간을 미리 정해두고 그 시간 안에 그녀에게 피드백을 준 다음 그녀의 의견도 듣겠다고 완곡하게 설명함으로써 불필요한 시간 낭비를 막을 수 있었다.

마음챙김 수련하기

피드백에 착수하기 전에 호흡이 피드백 대화의 황금률이라는 걸 기억하자. 심호흡을 세 번 하고, 서로에게 온전히 관심을 기울이고, 이 자리를 마련한 가장 중요한 목적을 떠올리면서 잠시 마음챙김 수련을 한다.

피드백 후 뒤처리

끝날 때까지 끝난 게 아니다. 아까도 말했듯이 성공한 이들은 지속적으로 피드백을 주고 자기 주변 사람들을 두루 살피는 데 열심이다. 누군가와 방금 피드백 대화를 나누었다면 적절한 시기에 그 사람과 후속 대화를 나누는 걸 잊지 않도록 한다. 바로 다음 날이 될 수도 있고 다음 주가 될 수도 있다. 다음과 같이 말을 걸면 간편하게 후속 대화를 시도할 수 있다.

지난번에 대화를 나눈 뒤로 우리가 논의한 사항을 어떻게 처리하고 있는지 알고 싶군요. 우리가 얘기했던 것과 관련해 어떤 생각이나 기분이 들었나요?

나한테 더 하고 싶은 얘기는 없나요? 조언이라도?

당신을 어떻게 지원해주는 게 좋을까요? 난 당신의 성공에 투자할 겁니다.

그다음 공감하는 마음으로 주의 깊게 경청하고 정기적으로 확인한다. 그리고 이 대화를 통해 무엇을 배웠는지 자문해본다.

정기적으로 피드백을 구하는 건 외적 자기 인식 능력을 향상시키는 좋은 방법이다. 자신의 맹점을 발견할 수 있고,

다른 사람들이 당신의 강점 및 잠재력을 어떻게 생각하는지 파악할 기회가 생기기 때문이다. 리더의 위치에 있다면 1년에 한 번 성과 검토 기간에만 공식 피드백을 제공하지 말고 수시로 피드백을 제공하자.

안타깝게도, 단순히 피드백을 제공하는 것만으로는 직장 내에서 발생하는 문제에 대처하기 힘들 때가 많다. 특히 심각한 갈등에 직면한 경우에는 더욱 그렇다. 역할이나 경력에 따라 차이는 있겠지만 직장 내에서 어떤 식으로든 갈등에 휘말리는 건 시간문제일 뿐이다. 사내 갈등을 조사한 한 연구에 따르면, 99퍼센트의 인사 담당자가 갈등을 해결한 경험이 있다고 답했다. 특히 리더는 직원들 간의 갈등을 해결하거나 그들 중 누군가와 직접적인 갈등을 겪을 수밖에 없는 위치에 있는 사람이다. 갈등이 발생하는 가장 일반적인 원인은 성격 차이(86퍼센트), 서툰 리더십(73퍼센트), 정직성 부족(67퍼센트), 스트레스(64퍼센트) 등이었다.

갈등을 제대로 관리하지 못하면 관련된 개인과 조직에 부정적인 결과를 초래할 수 있다. 갈등으로 인해 발생하는 좋지 못한 결과는 사기 저하, 열악한 참여율, 업무상 질병과 결근, 인신공격과 폭행, 해고까지 다양하다.

반면에, 갈등을 잘 관리해서 성장과 발전의 기회로 활용하면 다른 사람들에 대한 이해도가 높아지고, 팀워크가 좋아지며, 혁신적인 분위기가 고조되고, 문제 발생 시 해결책을 찾는 데 적극적으로 임하는 등 긍정적인 영향을 미칠 수 있다.

그럼에도 상당수 리더들의 갈등 관리 능력은 매우 열악하거나(18퍼센트) 그다지 효과적이지 않다(63퍼센트). 복잡한 의사소통에서 다음으로 알아볼 '갈등 해결' 부분이 발전을 위해 필수적인 것도 이런 이유 때문이다.

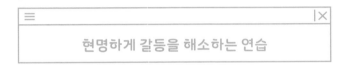

현명하게 갈등을 해소하는 연습

갈등을 해소하고 사람들과 협상할 수 있는 능력이 갈수록 귀해지고 있다. 실제로 세계 경제 포럼의 미래 일자리 보고서에서 인용한 바에 따르면, 2020년에 필요한 상위 열 개 기술 중 일곱 개가 갈등 해결과 밀접한 관계가 있다.

- 복잡한 문제 해결(1위)
- 인력 관리(4위)
- 협업(5위)

- 정서 지능(6위)
- 판단과 의사 결정(7위)
- 협상(9위)
- 인지적 유연성(10위)

　　많은 저명한 심리학자들이 갈등이라는 주제를 가지고 연구를 했지만, 가장 실용적이고 유용하다고 생각하는 충고는 오프라 윈프리가 한 말이다.

　　오프라는 스탠퍼드 경영 대학원에서 한 연설에서, 자살, 학대, 정신 건강, 불륜 같은 복잡한 상황을 겪은 사람들을 3만 명 가까이 인터뷰한 결과 대부분의 논쟁은 주제나 맥락에 상관없이 단 세 가지 근본적인 질문으로 귀결된다는 사실을 알게 되었다고 말했다.

1. 내 말 들었니?
2. 나를 봤니?
3. 내 말이 너한테 의미가 있니?

갈등 해소 시뮬레이션

최근에 경험한 갈등을 하나 떠올리자. 그리고 갈등 장면을 머릿속에서 영화처럼 재생시켜보자. 그때 느낀 기분, 머릿속을 스쳐 간 생각, 몸으로 느낀 감각 등을 떠올려보자. 그리고 자신에게 물어보자.

- 상대가 귀담아듣는 걸 느꼈는가?
- 상대의 시선을 느꼈는가?
- 내가 한 말이 상대에게 중요한 의미인 것 같은 느낌이 들었는가?

완전히 집중한 상태에서 심호흡을 세 번 하자. 자, 이제 갈등 장면을 다시 한번 떠올려보되, 이번에는 위 세 가지 욕구가 충족된 상태로 떠올려보자. 똑같은 대화를 나누었는데 이번에는 상대방이 내 말을 듣고, 나를 제대로 바라보고, 내 말이 자신에게 중요하고 의미 있다고 명확하게 밝힌 것으로 가정하자.

- 그 경험은 어땠는가?
- 세 가지 욕구가 충족되었을 때 어떻게 반응했는가?

스스로의 감정, 생각, 감각을 느껴보자. 마음이 진정되는가?

편도체 구출 작전

앞서 언급한 세 가지 질문이 갈등 해소에 왜 그리 중요할까? 심리학자들은 갈등 해소 욕구가 충족되면 신경계가 이완되어 편도체 납치 반응이 비활성화된다는 사실을 그 이유로 들었다.

우리 몸은 갈등을 겪을 때마다 투쟁 회피 모드에 돌입하는 경향이 있다. 이렇게 긴장이 고조된 상태에서는 모든 걸 경계하면서 잠재적인 위험 징후를 주시하는 완전한 방어 태세가 된다. 뇌에서 편도체가 경고음을 울리면서 아드레날린과 땀을 분비하라고 온몸에 신호를 보내고, 심장 박동이 빨라지게 하고, 근육을 긴장시키고, 혈압을 상승시킨다. 극도의 상황에서는 몸이 심하게 떨리고 속이 울렁거리기도 한다. 이와 같이 편도체가 활성화되는 현상을 '편도체 납치'라고 한다.

편도체 납치의 상태가 되면 뇌에서 논리적인 사고를 담당하는 전두엽 피질을 차단해 문제 해결 능력이나 집중력, 논리력을 발휘하기가 어려워진다. 그러니 쉽사리 마음을 가라앉힐 수 없는 것이다. 자신조차도 진정이 안 되는데 다른 사람을 진정시킨다는 것은 어불성설이다.

누군가와 갈등을 빚을 때 가장 먼저 해야 할 일은 편도체의 경고음을 막는 것이다. 그러려면 잠재적 위협을 제거하고 상대방을 안심시켜야 하는데, 위의 세 가지 질문이 마음챙김, 자기 인식, 공감의 휴먼 스킬을 이끌어냄으로써 그 역할을 한다.

위협이 감지된 상황에서 누군가로부터 "무슨 말인지 알겠어요. 큰 불만이 생길 만한 심각한 문제 같군요. 저한테 이렇게 중요한 얘기를 해줘서 고마워요."라는 말을 듣는다면 그 사람이 자신과 같은 편이라는 걸 알 수 있다. 대립 상황이 아니니 경고음을 작동시킬 필요가 없다는 사실 또한 인지하게 된다.

상대가 자극을 심하게 받았거나 편도체 납치를 겪는 중이면 경고음을 하향 조절해서 비활성화하기까지 시간이 좀 걸린다. 이럴 때는 "무슨 말인지 알겠어요. 네, 잘 알죠. 나한테도 정말 중요한 문제예요." 같은 말을 몇 번씩 반복해야 알아들을 것이다.

상대방의 편도체가 완전히 납치당한 상태라면 그들이 평소 수준의 평정심을 되찾을 때까지 시간을 좀 주어야 한다. 때로는 완전히 돌아오기까지 몇 시간씩 걸리기도 한다. 그러니 다음 단계에서는 이렇게 말하는 게 좋다. "이건 저한테도 중요한 일이니까 우리 둘 다 이 주제에 필요한 만큼의 시간과 관심을 기울이는 게 좋을 것 같아요. 제대로 논의할 시간을 한번 내보죠. 일정을 확인해서 괜찮은 시간대를 몇 개 알려드릴게요. 언제가 좋을지 알려주세요." 그러면 당신과 상대방 모두 마음을 가라앉힐 시간이 충분히 생기고, 상대방을 우선적으로 생각한다는 걸 알려서 안심시키는 동시에 균형감과 평정심을 얻을 수 있다.

적절한 선 긋기

갈등 해소와 관련해 우리가 범하는 대표적인 오류 중 하나는, 정서 지능이 높고 공감 능력이 뛰어난 것과 무조건적으로 상대방 의견에 동의하고 상대방을 받아주는 것을 동일시하는 것이다. 의사소통 숙련자가 된다는 건 상대방에게 공감할 수 있다는 뜻이며, 그들의 의견이 당신에게 중요하다는 사실을 알리면서 동시에 당신의 관점을 확립시키고 당신이 생각하는 진실을 당당히 입 밖에 낼 수 있다는 것이다.

성공한 사람들은 정서 지능과 중요한 문제 해결 기술의 균형을 잘 맞춘다. 이를 통해 상대방과 협력해 양측의 욕구 사이에 존재하는 격차를 좁히고, 창의력을 발휘해 통찰력 있으면서도 예측 불허의 신박한 해결책을 내놓기도 한다.

지금부터 '선 긋기'라는 기본적인 개념을 소개하고자 한다. 선 긋기란 무엇이 자신의 것이고 무엇이 자신의 것이 아닌지를 아는 능력, 다른 사람이 원하는 것에 주의를 기울이기보다 자신의 욕구를 파악하고 옹호하는 능력, 그리고 상대가 기대하고 있거나 상대를 최상의 수준으로 만족시킬 수 있는 대응 방식을 결정하는 능력을 말한다.

적절한 선 긋기는 다음과 같은 것을 의미한다.

- 자신의 일이나 책임이 무엇인지, 자신의 일이나 책임이 아닌 것은 무엇인지 확실히 알고 있다.
- 다른 사람들이 원하거나 기대하는 바보다 자기 자신을 우선시하는 방법을 안다.
- 다른 사람을 기쁘게 하거나 좋은 사람이라는 인상을 유지하고 싶다는 이유만으로 예스맨이 되지 않는다.
- 자신에게 맞지 않을 때는 '아니오'라고 할 수 있는 정직함과 진실됨을 지니고 있다.
- 현명한 선택을 할 수 있는 분별력을 갖추고 있다.

근본적인 차원에서의 선 긋기는 자신에게 선택권이 있음을 안다는 걸 뜻한다. 완벽한 선택이 아닐 수도 있고 골라야 하는 선택지가 이상적이지 않을 수도 있지만 어쨌든 당신에게 선택권이 있다는 사실 하나는 분명하다. 자신이 취하고 싶은 태도나 마음가짐, 자신에게 벌어진 일을 통해 얻어내고 싶은 것, 자신에게 들려주고 싶은 이야기 등 그게 무엇이든 간에 말이다.

특히 갈등 상황에서는 자신의 욕구와 상대방의 욕구 사이에서 섬세하고 현명하게 균형을 이루어야 한다. 그러려면 선 긋기를 분명히 해야 한다. 직장에서 흔히 벌어지는 갈등 상황 몇 가지, 그리고 선 긋기와 공감 사이에서 균형을 이룰 수 있는 방법을 살펴보자.

상황 1. 의존적인 사람을 상대할 때

해야 할 일이 너무 많은 상태인데 누군가가 자기 일을 대신 맡아달라고 부탁했다. 예전부터 당신의 친절한 성격을 이용하는 게 아닌가 하는 생각에 짜증이 나 있는 상태였지만, 그 사람이 요즘 사는 게 너무 고달프다며 애처롭게 하소연하는 바람에 거절하기가 힘들어졌다. 이럴 때는 다음과 같은 방법을 시도해보자.

요새 이런저런 일들이 많은가 봐요. 힘들겠어요. 얘기해줘서 고마워요. 저를 그만큼 믿어주다니 기분이 좋네요.

그런데 저도 도와주고는 싶지만 할 일이 너무 많아서요. 전 지쳤을 때 이런 방법이 효과가 있더라고요. ('상사에게 내 우선순위가 뭔지 이야기한다, 시간을 내서 마음챙김 수련을 한다, 내 능력을 향상시키기 위한 강좌를 듣는다' 등의 아이디어를 제시한다.)

이게 도움이 되려나요? 다 잘 됐으면 좋겠고 커피 마시면서 한숨 돌리고 싶으면 언제든 찾아오세요.

상황 2. 작업 스타일이 너무 다를 때

대부분의 상사들은 시시콜콜 간섭하고 싶어 하지만 당신은 더 많은 자유와 신뢰를 원할 것이다. 다음과 같은 방법을 시도해보자.

전 직장에서 업무 효율을 높이는 게 가장 중요하다고 생각합니다. 그런데 요즘 들어 팀장님과 저의 작업 방식이 많이 다르다는 걸 느낍니다. 때문에 의도치 않게 업무 효율을 저해하는 갈등이 생길 수도 있지 않나 걱정됩니다.

팀장님은 매우 체계적인 분이며, 프로젝트 진행 상황을 정기적으로 보고받고 싶어 한다는 걸 잘 알고 있습니다. 물론 꼼꼼하게 세부 사항을 짚고 넘어가는 건 좋은 일이고, 팀장님께서 이런 작업 스타일의 효과를 경험하셨기에 저에게도 같은 방식을 권하시는 거라 생각합니다. 하지만 전 융통성과 독립성이 보장될 때 일이 가장 잘 되는 것 같습니다.

그러니 수시로 보고하는 것보다 요일을 정해 업데이트 보고서를 제출하는 게 어떨까요?

상황 3. 성격이나 문화 차이로 갈등이 발생할 때

한 동료가 회의 중에 당신이 말하는 동안 어이없다는 표정을 짓는 등 무례한 행동을 했다고 치자. 당신은 짜증이 많이 난 상태이며 지금 이 문제를 해결하지 않으면 갈수록 악화될 것 같은 우려도 된다. 이럴 땐 다음과 같은 방법을 시도해보자.

당신이 제 의견에 동의하지 않을지도 모른다는 생각이 들어서 얘기를 나누고 싶었어요. 또 우리가 해결해야 할 문제가 있는지도 확인하고 싶고요. 어제 회의 중에 제가 진행하는 프로젝트 얘기를 꺼내니까 어이없어하는 표정을 지었죠. 순간 당신이 제 노력에 회의적이라는 생각이 들어서 마음이 안 좋더라고요. 기분 나쁘라고 일부러 그렇게 행동하진 않았겠지만 그래도 제 생각을 말해야 하지 않나 싶었어요. 저에게 직장 동료는 소중하고 앞으로 쭉 함께 일할 사이니까요.

세 가지 상황 모두 세 가지 욕구(상대방을 보고, 듣고, 상대방의 의견을 중시한다는 걸 알리는 것)를 공통적으로 강조하는 동시에, 함께 문제를 해결하고자 하는 당신의 욕구를 강하게 주장한다. 이런 원칙을 따르면서 이전에 배운 경청, 자기 인식, 공감, 피드백을 활용하면 효과는 배가된다.

리더의 자리에 있는 사람이라면 분쟁 해결 모델에 대해 좀 더 자세히 알고 싶을 것이다. 추천하고 싶은 모델은 심리학자 마셜 로젠버그가 개발한 '비폭력적 의사소통'이다. 비폭력적 의사소통 모델은 공감적 경청과 자신의 관찰 내용, 감정, 필요, 욕구를 정직하게 표현하는 데 초점을 맞춘다.

갈등은 불쾌하지만 피할 수 없을 때가 많다. 갈등을 완벽히 해소할 마법 같은 해결책은 없다. 하지만 갈등을 전화위복으로 삼으면 정서 지능과 자기 인식 능력을 키우고 지혜와 지도력 수준을 높일 수 있는 기회가 될 수 있다. 프로젝트를 진행하다 보면 전면적 위기에 대처하고 있는 노련한 비즈니스 리더들을 자주 만나는데, 이들 대부분은 심한 스트레스에도 불구하고 유머 감각과 균형 잡힌 관점을 유지하기 위해 많은 노력을 기울인다.

일전에 세계적으로 유명한 생명 공학 제조 공장의 현장 책임자와 미팅을 한 적이 있다. 그는 연중 가장 바쁜 시기에 일주일간 공장을 폐쇄하는 중요한 문제를 안고 있었다. 밤

새도록 미국, 유럽, 아시아 지사에 전화를 걸어야 했기에 한 동안 잠도 제대로 자지 못했다.

그럼에도 미팅이 끝날 즈음 그는 휴먼 스킬을 시험하게 되어 기쁘다고 했다. 그는 지금껏 받은 훈련과 쌓아온 리더십 기술은 모두 이런 때를 위한 것이 아니겠냐며 자랑스럽게 말했다. "갈등이 있기에 제가 이 자리에 있는 것 아니겠습니까? 이런 갈등이 없다면 로봇이나 인공 지능이 제 자리를 꿰찰 수도 있겠죠. 그리고 어쨌든 일은 일일 뿐이라는 걸 아니까요."

사람을 상대하는 까다로운 일을 하다가 좌절할 때마다 그 책임자의 말을 떠올린다. 그리고 갈등은 정서 지능을 이용해 우리 자신을 차별화할 완벽한 기회이고, 우리에게는 휴먼 스킬이 있기에 어떤 기계나 로봇보다 가치 있는 존재가 될 수 있다는 사실을 되새기게 된다. 또, 인간으로서 한층 조화롭고 풍요로운 세상을 만드는 데 기여하고 있다는 것에 감사한다.

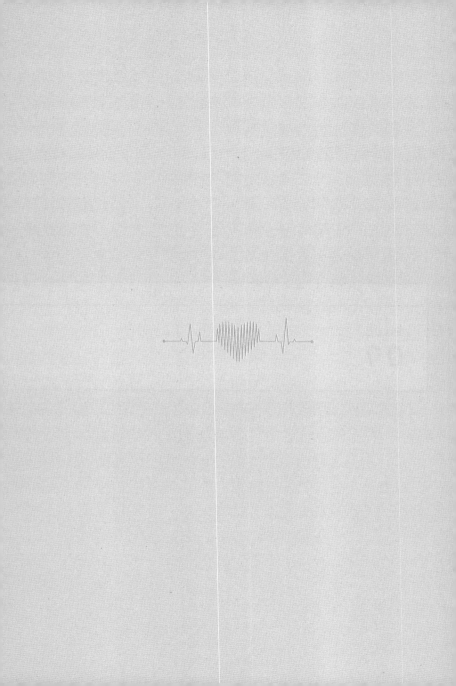

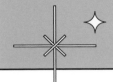

Part
07

적응 회복력
Adaptive Resilience

Part
07

지금까지 소개한 네 가지 휴먼 스킬(집중과 마음챙김, 자기 인식, 공감, 복잡한 의사소통)은 다섯 번째 필수 휴먼 스킬인 적응 회복력을 길러야만 비로소 당신과 당신의 삶에 큰 영향을 미칠 수 있다.

적응 회복력은 일이나 삶이 힘들 때도 계속 앞으로 나아가는 능력이다. 도전을 두려워하지 않고 좌절을 극복하면서 이 과정을 통해 성장하는 것이다.

적응 회복력의 반대말은 포기, 무력감, 힘든 상황이나 사람으로부터의 회피 등이 있겠다. 이런 것들은 구직자의 30퍼센트를 새 직장에 들어간 지 90일 이내에 그만두게 만든다.

이와 같은 추세는 구직자와 조직 모두에게 큰 피해를 준다. 구직자 입장에서는 또다시 실직을 경험하는 것이나 마찬가지이고 기록을 남김으로써 다음 직장에 좋지 않은 이미지를 심어줄 수 있다. 또, 직장을 자주 옮기면 불안, 좌절, 심지어 수치심을 안겨줄 수 있기 때문에 감정적 피해까지 수반된다.

조직의 경우 직원 이직에 따른 비용 손실을 입는다. 중간 정도의 급여를 받는 직원이 6~9개월간 일하고 받는 평균 급여는 고학력자 임원 연봉의 213퍼센트에 달하는 것으로 추정된다. 예를 들면, 1억 원의 연봉을 받는 상급 임원을 교체하면 조직에 2억5천만 원이 넘는 손실이 발생할 수 있다. 이 수치는 직원들의 사기 저하 및 참여도 하락, 고객 서비스 감소 등 직원 손실에 따른 다른 유의미한 비용이 반영되지 않은 것이니, 실제로 겪는 손해는 더 클 것이다.

물론 입사 직후에 회사를 그만두는 데에는 입사 시 약속했던 일이 아니거나 조직 문화가 바람직하지 않은 등 정당한 사유가 있게 마련이다. 하지만 대부분의 퇴사 사유가 '나쁜 경험을 했다, 직장에서 겪는 문제에 맞설 준비가 되지 않았다'와 같이 두루뭉술하게 서술되는 걸 보면 특별한 경우가 아닌 이상 적응 회복력 부재가 이런 현상을 유발시켰다고 볼 수 있다.

서양에서는 밀레니얼 세대를 연약한 눈송이로 지칭하고, 동양에서도 이들을 쉽게 상하는 딸기에 비유하는 경우가 있다. 작가 사이먼 사이넥Simon Sinek은 최근에 한 바이럴 영상에 출연해, 밀레니얼 세대는 자기도취적이고 소셜 미디어에 중독되어 여러 일자리를 전전하는 나르시시스트들이라고 묘사하면서 그 근본 원인은 잘못된 양육 방식 때문이라고 지적했다.

밀레니얼 세대 전체를 동일한 가정 아래 두는 건 불공평

한 일이지만, 자녀를 과잉보호하는 헬리콥터 육아 현상으로 인해 밀레니얼 세대가 자라는 동안 인생의 정상적인 시련에 노출되지 못한 건 사실이다. 헬리콥터 부모들은 아이가 혼자 외부 세계 탐험에 나서거나, 오락 거리 없이 지루함에 맞서거나, 다양한 분야에서 실패를 겪거나, 거절을 경험하는 일 등을 대신 막아준다.

밀레니얼 세대의 부모들은 자녀들에게 줄 수 있는 걸 최대한 다 주고 어떻게든 그들을 보호하기 위해 극도로 노력한다. 하지만 아이들이 커서 성인이 되었을 때 인생에 불가피하게 닥쳐오는 난기류에 대비하려면, 아이들이 위험과 도전을 감수하면서 다양한 실험을 해볼 수 있는 이른바 '위험한 운동장'이 필요하다. 의도가 어쨌든지 간에 헬리콥터 양육은 밀레니얼 세대의 불안감을 높이고, 밀레니얼 세대가 항상 긴장하면서 과로하고 번아웃을 겪는 데 일조했다.

요즘 세대들은 실패에 노출된 경험은 부족한데 부모와 자기 자신의 과도한 기대 및 높은 희망에 부응해야 한다는 딜레마와 싸우고 있다. 이 말인즉슨 그들이 적응 회복력을 발휘할 기회가 부족했다는 뜻이다. 따라서 적응 회복력을 기르는 일에 계획적으로 전념하는 것이 그 어느 때보다 중요하다.

적응 회복력은 휴먼 스킬의 최종 보스다

적응 회복력은 단순히 소신을 추구하거나 어려움을 겪은 후에 다시 회복하는 것 이상을 의미한다. 적응 회복력은 똑같은 실수를 반복하지 않고, 도전을 경험한 후에 배우고 성장해서 새롭게 적응할 수 있는 능력을 뜻하기도 한다. 이 휴먼 스킬은 변화무쌍하므로 빠르게 변화하는 세상에서 끊임없이 필요한 진화를 돕는다. 또한, 세상에서 바꿀 수 없는 부분은 받아들이고 바꿀 수 있는 부분은 어떻게든 바꾸겠다는 용기와 끈기 사이에서 균형을 이루게 해줌으로써 정신적인 품격도 지킬 수 있게 해준다.

살면서 발생하는 문제와 도전에 대처만 하는 게 아니라 그 문제와 도전을 이겨내고 성공하려면 적응 회복력을 기르는 일이 필수적이다.

세상 어떤 일이든지 문제와 도전이 따른다. 100퍼센트 성공이 보장되는 완벽한 역할을 목표로 삼는 것은 비현실적이다.

아무리 생각지 못한 성공을 거두더라도 모든 문제가 완벽하게 사라지지는 않는다. 오래된 문제가 새로운 문제로 바뀔 뿐이다(가끔 운이 좋으면 지루한 문제가 흥미로운 문제로 대체되기도 한다). 이처럼 문제는 삶의 일부분으로서 우리 곁에 항상 존재한다.

모순적으로 들릴 수 있지만, 문제는 언제 어디서든 발생할 수 있다는 사실을 받아들일수록 환멸을 덜 느끼고 더 행복해질 수 있다. 문제를 해결하거나 성공을 거둔 뒤에 항상 행복이 기다리고 있는 건 아니다. 행복은 문제를 겪고 있는 지금 이 순간에도 느낄 수 있고 그 행복감이 성공을 가져올 수도 있다. 이와 같은 행복과 성공의 비밀을 '행복의 특권'이라고 한다.

많은 사람들이 '내게 X만 있다면 내 인생은 완벽할 텐데' 혹은 '내가 Y를 이룰 수만 있다면 행복은 떼놓은 당상일 거야'와 같은 식으로 생각 회로를 돌린다. 문제는 이런 사고 방식은 완전히 거꾸로 된 것이기 때문에 반전시켜야 한다는 것이다. 지금 이 순간에 행복을 느끼는 일에 초점을 맞춘다면 온갖 우여곡절이 따르는 인생의 과정들을 좀 더 즐기면서 헤쳐나갈 수 있다. 적응 회복력은 이런 인생의 여정을 지속할 수 있는 힘을 준다.

성공한 사람들은 살면서 아무 문제도 겪지 않았기 때문에 성공한 게 아니라 문제 해결에 뛰어났기 때문에 성공한 것이다. 그들은 도전을 즐기고 시련과 함께 찾아오는 변화와 성장을 소중히 여긴다. 이렇게 평생토록 도전을 극복하며 살아가기 위한 열쇠가 바로 이 책에서 배우는 마지막 퍼즐 조각인 적응 회복력이다.

올 초에 결심한 일 목록 가운데 재즈 피아노 배우기가 있었다. 이를 위해 전설적인 재즈 음악가 허비 행콕^{Herbie} ^{Hancock}의 온라인 강의를 다운받아 보면서 본격적으로 재즈 피아노 연습을 시작했다. 그런데 뜻밖에도 피아노 기법과는 아무 관련이 없는 데서 재미를 발견했다. 허비 행콕이 재즈계의 또 다른 전설인 마일스 데이비스^{Miles Davis}와 함께 연주했던 추억을 들려주는 부분이었다. "마일스의 솔로 곡을 연주하는데 코드를 완전히 잘못 누르고 말았다. 순간 내가 모든 걸 망치는 바람에 이 훌륭한 밤이 엉망이 됐다고 생각했다. 마일스는 호흡을 가다듬고 음을 몇 개 연주해 내가 저지른 실수를 수습했다. 마일스가 어떻게 한 건지는 모르겠지만 그의 연주는 마치 마술과 같았다. 그때 나는 내 연주를 '평가'했지만 마일스는 그러지 않았다. 그는 실수를 그저 새로운 일로 받아들였다. 그러고는 기왕 벌어진 일이라면 가치 있는 것으로 만들어보자고 노력한 것이다."

허비 행콕이 들려준 일화는 적응 회복력의 아주 적절한

예라고 할 수 있다. 실수에 연연하지 않고 상황을 받아들인 다음 즉흥 리프 연주로 노선을 바꾸면서 절묘한 결과물을 창조해낸 것이다. 요컨대, 적응 회복력은 이미 일어난 일을 받아들이는 동시에 해결책이나 앞으로 나아갈 방법을 모색하는 것이다.

보통 어떤 일이 생기면 그 일이 왜 이렇게 되면 안 되는지를 놓고 다투느라 귀중한 시간과 에너지를 낭비하고, 한탄하거나 분석하거나 과거에 집착하는 데 너무 많은 시간을 들인다. 이보다는 있는 그대로의 현실을 열린 마음으로 받아들이는 게 더 건전한 선택이다. 사물을 옳고 그름으로만 판단하면 인생을 살아가고 즐기는 방식이 제한을 받는다.

적응 회복력을 기르는 일은 지금까지 소개한 휴먼 스킬과 살짝 다르다. 단순한 기술 습득이 아니라 보다 심오하고 복잡한 성격을 띤다. 기술은 긍정적인 변화를 위한 첫 단추일 뿐이다. 성공한 인생을 살고 싶다면 보다 심층적인 단계의 노력을 기울여 융통성 있는 사고방식과 신념을 길러야 한다.

이 파트에서는 성공을 뒷받침하는 네 가지 중요한 사고방식과 신념을 다룰 예정이다. 우선 자기 계발과 배움에 필수적인 성장형 사고방식과 호기심 계발에 초점을 맞추어보자.

성장형 사고방식이란?

적응 회복력을 키우는 가장 좋은 방법 중 하나는 성장형 사고방식Growth Mindset을 실천하는 것이다. 성장형 사고방식이라는 용어는 30년 넘게 '고착'과 '성장'이라는 두 가지 지배적 사고방식을 연구한 스탠퍼드대학교의 캐롤 드웩 교수가 고안한 말이다.

성장형 사고방식은 노력을 기울이면 재능을 발전시키고 성공 가능성을 높일 수 있다고 믿는 마음가짐을 말한다. 반대로, 고착형 사고방식은 재능은 타고나는 것이며 태어날 때부터 특정 속성을 가지고 있거나 그렇지 못한 것이라고 믿는 것이다.

서로 다른 상황에서는 생각도 달라진다. 직장에서는 성장형 사고방식을 품고 노력을 통해 성장 및 발전할 수 있다고 믿더라도, 개인적인 관계에서는 고착형 사고방식의 시선으로 주변을 바라보며 개선 가능성이 없다고 단정 지을 수도 있다.

드웩 교수의 연구는, 성장형 사고방식을 기르면 관계 개선, 완벽주의에 대한 스트레스와 불안감 감소, 인생에 대한 좌절을 겪으면 어떤 생각이 떠오르는가?

고착형 사고방식	성장형 사고방식
일반화 : 나도 비슷한 상황에 처하면 실패할 것이다.	고립화 : 이건 개별적인 사건이다.
내재화 : 실패는 내 잘못이다. 내가 할 수 있는 일은 아무것도 없다.	외부화 : 좌절을 초래한 이유는 여러 가지가 있을 수 있다. 나는 이 도전을 극복하고 성장할 수 있다.
영구적 : 계속 문제가 될 것이다. 난 무능력하다.	일시적 : 일시적인 문제다. 여기서 교훈을 얻을 수 있다.

책임감 강화 등 여러 이점이 있음을 증명했다.

학생들을 대상으로 연구를 하는 과정에서 한 가지 안타까운 현상을 목격했다. 자신의 삶에 대해 고착형 사고방식을 지닌 학생들이 의외로 많아서 제대로 못 해낼 것 같은 일은 아예 시작조차 하지 않았다. 아니면 한두 번 시도해보다가 그 일에 적합하지 않다는 결론을 내리고 바로 포기하는 학생들을 많이 보았다.

하지만 성장형 사고방식을 가진 사람은 어떤 일을 시도했다가 성공하지 못하더라도 노력을 통해 배움의 경계가 넓어졌다고 생각한다. 그리고 아직은 원하는 목표를 달성하지 못했지만 꾸준히 노력하면 성공에 도달할 수 있다고 믿는다.

경쟁이 치열한 세상에서는 노력이 결정적인 역할을 한다. 심리학자 앤절라 더크워스^{Angela Duckworth}는 여기서 더 나아가 노력이 지능^{IQ}보다 더 중요하다고 말했다. 더크워스는 다음과 같은 간단한 공식을 만들었다.

재능 x 노력 = 기술

기술 x 노력 = 성취

노력 없는 순수한 재능은 결코 기술이 될 수 없다. 노력이 배제된 기술은 결과나 업적으로 이어지지 않는다. 성공하려면 행운과 기회, 그리고 다른 외부 요소들이 함께 작용해야 한다. 학생들에게 자주 하는 말이 있다. "성장형 사고방식은 성공을 보장하지는 않는다. 하지만 고착형 사고방식은 실패를 보장한다."

드웩 교수에게 직접 성장형 사고방식을 발전시키는 방법에 대한 조언을 구했다. 그녀는 우리가 항상 성장형/고착형 사고방식을 일관되게 유지하지 않으며 두 가지 사고방식 사이를 오갈 수 있다고 말했다. 즉, 특정 트리거가 발동하면 성장형 사고방식이 고착형으로 바뀔 수도 있다. 가령, 당신이 잘 못하는 일을 수월하게 해내는 사람을 보면 자신도 모르게 마음이 불안해질 수 있다. 뒤집어 말하면, 고착형 사고방식을 유발하는 특정 트리거를 찾아내면 이를 성장형 사고방식으로 전환시킬 수 있다는 의미이기도 하다.

성장형 사고방식을 기르는 법

- '실패'라는 말 대신 '배움'이란 말을 쓴다.
- 천재는 타고나는 것이라고 단정 짓지 않고 그들의 열정, 헌신, 문제에 대처하는 방식에 초점을 맞춘다.
- 결과가 아닌 과정을 칭찬하고 충분한 피드백을 주고받는다.
- 자신이 도전, 노력, 실수의 가치를 높이 사는 타입임을 다른 사람들에게 널리 알린다.
- 현명한 방식으로 위험을 감수함으로써 실패해도 괜찮다는 걸 다른 사람들에게 보여준다.
- 경험으로 얻은 귀중한 교훈에 대해 매주 일기를 쓴다.
- 노력했지만 생각대로 되지 않았던 일과 거기서 얻은 교훈을 다른 사람들과 공유한다.
- 신경 가소성이나 습관 형성과 관련된 뇌의 무궁무진한 잠재력에 대해 공부한다.

호기심의 힘

인간은 호기심을 타고난다. 갓난아기와 유아는 장난감의 촉감을 느끼거나, 딸랑거리는 소리를 듣거나, 입에 넣을 수 있는 건 뭐든지 맛보는 등 모든 감각을 동원해 주변을 탐색하면서 배운다. 어린아이는 언어를 통해 자신과 주변 세상에 대한 끝없는 질문을 던지면서 호기심을 키워나간다.

호기심은 아는 것과 알고 싶은 것 사이에 존재하는 격차를 의미한다. 어릴 때는 누구나 자연스럽게 호기심을 느꼈고 이를 통해 동기를 부여받았다. 하지만 나이가 들면서 여러 가지 복잡한 요인들로 인해 호기심이 꺾일 수 있다. 우리나라의 교육 시스템은 질문에 적합한 답을 하면 보상을 해주고, 고차원적인 기술을 요하는 문제 식별보다 문제 해결에 우선순위를 둔다. 헬리콥터 부모는 자발적 탐색은 안전하지 않으며 실패 가능성이 많아 실망감만 줄 수 있다는 경고를 아이들에게 수시로 보낸다. 또한, 권위자들은 호기심을 따르는 것보다 규정을 따르는 게 훨씬 중요하다는 메시지를 대놓고 보낸다.

따라서 청년기에 이른 사람들 대부분은 호기심을 품고

새로운 경험을 추구하려는 능력이 크게 약화되어 있다. 미취학 아동들은 부모에게 하루 평균 100개의 질문을 한다고 한다. 하지만 중학교에 다닐 때쯤 되면 많은 아이들이 질문을 멈춘다.

좋은 부모와 교사는 건전한 호기심은 학습 역량을 증대시키며 육성 및 지지가 필요한 기술이라는 사실을 안다. 호기심이 남아 있는 아이들은 학교, 직장, 인생에서 더 큰 성공을 거둔다. 호기심은 높은 행복 수준, 지적 성장, 건강, 삶과 공고히 연결되어 있다는 느낌 등 광범위한 의미를 내포하고 있다. 호기심은 또 새로운 정보를 기억하거나 새로운 기술을 습득할 수 있는 능력과도 연결된다.

기업의 리더들은 신입 사원 채용 시 가장 유심히 살펴보는 태도로 호기심을 든다. 성실함에 호기심이 결합하면 성공 가능성도 그만큼 높아지기 때문이다. 패트릭 머슬Patrick Mussel 같은 조직 심리학자들과 글로벌 리더십 컨설팅 회사 이곤 젠더는, 호기심은 직장에서 잠재력을 발휘할 수 있게 도와주며 고차원적인 능력 개발의 밑거름이 된다고 수시로 강조하며 호기심의 중요성을 설파하고 있다.

호기심이 강한 사람은 적극적으로 새로운 경험, 아이디어, 지식을 추구한다.

그들은 피드백을 환영하며 배움과 변화에 개방적이다. 그들은 지적, 경험적, 개인적 차원에서 끊임없이 새로움을 추구하며 자신의 열정을 북돋운다.

요즘 같은 끊임없는 변화와 혼란의 시대에 호기심은 더욱 중요한 자리를 차지할 수밖에 없다. 때문에 기업은 경쟁력을 유지하고 혁신을 추구하기 위해 호기심 많은 인재를 채용하는 데 주력하며, 조직 내에서도 호기심과 배움, 그리고 지속적인 발전을 추구하는 문화를 장려한다.

내면의 호기심을 발전시키면 개인적인 발전은 물론 직장에서의 성공으로도 이어질 수 있다. 지금부터 어떻게 하면 호기심을 이끌어내고 강화할 수 있는지 알아보도록 한다.

호기심 기르는 노하우

탐색하고 또 탐색한다

서점을 둘러보고, 새로운 취미를 찾고, 새로운 강좌를 등록하자. 한 동료는 최근 젬베 연주 강좌를 신청했는데, 이 수업은 음악적인 능력을 키워주었을 뿐만 아니라 흥미를 느낄 거라고 미처 생각지도 못했던 아프리카 문화나 아프리카의 지정학적 이슈에 호기심을 불러일으켜 결과적으로 정신세계까지 넓혀주었다. 다양한 분야의 책을 읽거나, 온라인 강좌를 듣거나, 환경 보호 단체 같은 그룹 활동에도 참여해보자. 이들 모두 호기심을 북돋우기에 충분하며 지적 욕구를 충족시켜주는 기회로도 이어질 것이다.

예전 관심사를 다시 찾아본다

중·고등학교나 대학교, 혹은 처음 일을 시작했을 때 관심 가졌던 대상들을 되짚어본다. 기초적인 지식만 가지고 있는 대상을 더욱 깊이 있게 이해해보는 것도 아주 좋다. 체스 클럽에 가입하거나 악기를 연주하거나 야생 동물 보호에 관심을 가질 수도 있다.

자신을 방해하는 사고방식을 밝혀낸다

'이런 건 애들이나 하는 거야, 너무 바빠, 너무 늙었어, 이건 잘 못해'와 같은 고착형 사고방식에 발목을 잡혀서는 안된다. 우리는 전문가가 되려는 게 아니다. 배움과 발견의 과정을 즐기려는 것뿐이다.

활동을 같이할 친구를 만든다

특정 활동을 함께할 수 있는 친구를 찾아보자. 그러면 의

욕이 유지되고 책임감을 느끼게 된다. 또, 친구들과 함께 시간을 보내는 아주 훌륭한 방법이기도 하다.

새롭게 하고 싶은 일 목록을 만들고 일주일에 하나씩 해본다

집으로 가는 새로운 경로, 처음 먹어보는 음식, 읽고 싶은 새로운 주제 등 시도하고 싶은 목록을 나열하고 그것들이 자신을 어디로 데려가는지 지켜보자. 친구나 사랑하는 이들을 만났을 때 이런 경험을 함께 나누면 더욱 흥미로울 것이다. 평소 다니던 길과 다른 길로 집에 가면 주위에서 생각지도 못한 흥미로운 장소를 발견하고 놀라게 될 것이다.

호기심을 멈추지 않는다

모든 상황에서 호기심 어린 태도를 취함으로써 평소라면 지루하고 낭비되는 시간으로 여겼을 순간을 새로운 뭔가를 발견하는 기회로 삼아보자. 주변에서 새로운 걸 발견하거나, 버스 옆자리 승객 또는 슈퍼마켓에서 줄을 서 있는 사람과 인사를 나누거나, 평소에 잘 듣지 않던 주제에 대한 팟캐스트를 들어보자. 단, 호기심을 발휘하려고 일부러 시간을 낼 필요는 없다. 호기심은 상황이나 활동에 구애받지 않고 언제든지 발동시킬 수 있다.

성장통을 두려워하지 않는다

새로운 걸 시도하거나 처음으로 어떤 집단에 가입할 때
는 긴장되는 게 당연하다. 당신만 그런 게 아니라 다른 사람
들도 마찬가지다. 불안감이 두려워 원하는 일을 포기하기에
는 인생이 너무 아깝다. 불안이나 두려움을 새로운 상황과
사람들을 향한 긍정적인 흥분으로 바꾸어보자.

마지막으로, 호기심 근육을 키우는 좋은 방법을 하나 더
소개한다. 인터넷에서 읽었거나 뉴스에서 들은 내용에 비
판적인 시각을 견지하는 것이다. 이는 요즘 같은 가짜 뉴
스의 시대에 아주 중요한 자세가 아닐 수 없다. 어떤 뉴스
를 접했다면 그 뉴스를 뒷받침하는 증거가 무엇인지 자세
히 알아본다. 단순히 권위 있는 사람이 어떤 말을 했다는 이
유만으로 무비판적으로 받아들이지 말고 제대로 된 분별력
을 키워야 한다.

4차 산업 혁명 시대에는 낡은 행동과 사고방식을 버리고 그 자리를 새로운 휴먼 스킬을 배워 채워야 한다. 선심초심(스즈키 순류라는 선사가 만든 용어), 즉 초심을 유지하라는 말은 열린 마음을 가지고, 이미 알고 있는 사실을 새롭고 신선한 시각으로 바라보고, 호기심 어린 마음가짐으로 문제에 접근하고, 기존에 가지고 있던 신념과 경험이 뻔하거나 자동적인 결론을 내리지 않게 하는 마음가짐을 의미한다. 이런 선심초심의 자세는 매 순간을 유일무이하고 가능성이 충만한 시각에서 접근하도록 해준다.

문제나 상황, 사람들에게 선심초심으로 다가가면 창의력이 향상되고 독특한 통찰력을 얻게 되어 평소라면 생각지도 못했거나 불가능했을 의외의 노하우로 문제 해결의 실마리를 찾을 수도 있다. 선심초심은 독창적인 사고와 새로운 연결 고리를 만들어낸다. 이는 고정된 알고리즘에 의존하는 기계는 해낼 수 없는 심오한 휴먼 스킬이다. 또한, 파트 3에서 설명한 마음챙김 수련과도 일맥상통하며, 개인의 꾸준한 배움과 성장에도 필수적이다.

선심초심 활용법

익숙한 상황에서 새로운 것에 주목하는 연습을 한다

매주 직장 동료나 친구와 관련된 새로운 것(새 헤어스타일, 옷, 또는 여태껏 눈치채지 못했던 버릇 등)을 발견하는 미션을 스스로에게 내준다.

새로운 시각을 장착한다

중요한 결정을 내려야 하거나 문제를 해결하고 싶을 때 어떤 믿음, 편견, 경험이 자신에게 영향을 미치는지 되돌아보고 당면한 문제에 접근할 새로운 방법을 생각해본다. 새로운 시각에서 문제를 바라볼 수 있도록 자신과 다른 관점을 가진 사람들과 이야기를 나누어보는 것도 좋은 방법이다.

≡ |×

판단의 늪에 빠지지 말 것

인간의 마음은 끊임없이 내외적 경험을 평가하는 '판단 공장'과도 같다. 뇌는 패턴을 식별하고 모든 걸 좋거나 나쁘거

나 중립적인 범주로 구분하도록 설계되어 있다. 때문에 끊임없이 '이건 좋다'거나 '저건 싫다'고 생각하는 것이다. 이런 판단은 무의식적으로 이루어지므로 자신이 정보를 조사하고 분류하고 판단하고 있다는 사실조차 알아차리지 못한다.

특정 사람(직장 동료)이나 사물(교통 체증)에 대한 호불호는 명확하게 구분할 수 있다. 하지만 내적 경험에 대한 호불호를 판단하는 일은 그리 간단하지 않다. 예컨대, 어떤 사람이 불안감을 느꼈고 그 불안감 때문에 기분이 나빠졌다. 그러면 이 사람은 불안감을 불러일으킨 경험을 불쾌하고 일어나선 안 될 일이었다는 판단을 내리게 된다. 이는 그런 경험을 하게 만든 스스로를 탓하는 방향으로 이어지고 그럼으로써 또 기분이 나빠지며, 생각의 악순환이 꼬리에 꼬리를 물게 되는 것이다.

그 결과, 무의식적으로 자신의 경험을 임의로 걸러냄으로써 특정한 긍정적 경험만 추구하고 인지된 부정적 경험을 두려워하게 된다. 물론, 긍정적인 경험을 하고 싶다는 생각에 본질적으로 잘못된 부분은 없다. 하지만 판단된 경험만으로 행복을 정의한다면 그만큼 실망 또한 커질 수 있다. 자신의 경험에 판단을 내리지 않으려면 멀리 떨어져서 바라볼 필요가 있다.

마음을 카메라 줌 렌즈라고 상상해보자. 언제든 자기 경험을 줌 인 해서 거기에 몰두하거나, 마음속에서 끝없이 이어지는 판단이나 생각의 흐름을 알아차릴 수 있다. 아니면 렌즈를 줌 아웃 해 멀리 떨어진 상공에서 바라보면서 자신의 마음과 생각을 침착하고 객관적으로 관찰할 수도 있다.

'화가 나네!'라고 생각하지 말고 자신을 줌 아웃 된 시선으로 바라보면서 '분노에 찬 생각을 하고 있는 내가 보이네.'라고 생각해보자. '세상은 너무 불공평해!'라고 생각하지 말고 줌 아웃 한 다음 '지금 세상이 불공평하다는 생각을 하고 있군.'이라고 관찰 모드가 되어보자.

자신과 자신의 생각 사이에 거리를 두자. 우리는 생각이나 판단과 자기 자신을 지나치게 동일시하는 경우가 많으며, 그것이 정체성의 필수적인 일부분이라고 간주한다. 때문에 큰 그림을 보지 못하고 편견과 감정의 노예가 되기도 한다. 마일스 데이비스가 허비 행콕의 연주를 잘못된 음이라고 판단하지 않았기에 아름다운 음악을 만들 수 있었던 것처럼, 판단하지 않는 자세는 스스로 지나치게 비판적인 태도를 취하다가 놓쳐버릴 수 있는 소중한 기회를 열어준다.

비판단적 관찰은 마음챙김 실천에 필수적이다. 뿐만 아니라 자신의 모든 경험과 그에 대한 반응을 호기심 어린 시선으로 바라보라는 초대장과 같다. 그러면 결국 겹겹이 둘러싼 조건을 뛰어넘어 마음이 어떻게 작동하고 자신이 누구인지에 대한 보다 명확한 인식을 얻게 된다.

집요한 자기 판단 때문에 고생하는 클라이언트들과 함께 일할 때는 평소와 다른 방식으로 생각을 검토해보게 한다. 생각이나 행동을 '좋다/나쁘다, 옳다/그르다'로 분류하지 말고, 이런 생각과 행동이 목표에 더 가까이 다가가는 데 '도움이 된다/도움이 되지 않는다'로 구분해서 생각하게 하는 것이다.

또, 클라이언트들에게 부정적이거나 불쾌한 경험을 통해 배울 게 많기에 이런 경험을 성장을 위한 기회로 여기라고 권한다. 생각과 자신의 본질을 구별하는 것도 중요하다 (당신은 당신의 생각이 아니다). 자신의 의사소통 기술이 형편없다거나 게으르다고 생각한다고 해서 그게 반드시 사실인 건 아니다. 여러 가지 방법을 통해서 부정적인 생각을 하는 자신을 설득하는 습관을 길러보자.

비판단 연습하기

짧은 시간일지라도 마음이 얼마나 판단에 몰두하는지 주목한다

마음이 판단을 시작할 때 그 판단 내용에 사로잡히지 말고 '지금 내가 판단을 내리고 있는 걸 알아차렸다'라고 스스로에게 알람을 울린다.

자기 판단을 비판하지 않는다

판단하는 자신의 모습을 마음의 기질이자 자연스러운 과정의 일부로 받아들인다.

배울 기회를 찾는다

건전한 성장형 사고방식을 유지하면서 어떤 경험, 심지어 힘든 경험에서도 배울 만한 걸 찾아낸다.

부정적이고 힘든 경험을 더 자세히 탐구한다

몸이 불편하거나 힘겨운 감정을 느끼고 있다면 이를 호기심을 가지고 탐구해본다. 몸 어디에서 불편함이 느껴지는지, 불편함이 계속 바뀌는지 아니면 일정하게 계속되는지, 경험의 강도는 어느 정도인지 등에 대해서 말이다. 부정적 경험을 외면하지 말고 그 경험에 직면해보자.

자기 연민

친한 친구가 찾아와 직장에서 끔찍한 하루를 보냈다며 불평을 늘어놓는다고 상상해보자. 그 친구는 오랫동안 중요한 프로젝트를 진행해왔고 마침내 그간의 노력을 고위 경영진 앞에서 보여줄 때가 되었다. 친구는 프레젠테이션 중에 잔뜩 긴장했고 그래서 제대로 해내지 못했다고 느꼈다. 그 후 회사가 프로젝트 자금 지원을 취소했다는 사실을 알게 되었다. 이 말인즉슨 프로젝트 전체가 중단될 거라는 이야기였다. 친구는 처참한 기분으로 이런 결과가 자기 탓이라며 자책했고 자신이 유도한 결과를 부끄럽게 여겼다.

친구의 하소연이 끝났다. 자, 이제 당신은 어떻게 하겠는가? 아마 친구 말을 다 듣고 공감하는 모습을 보이면서 친구의 심정을 이해한다고 말할 것이고, 그런 일이 있었으니 화를 내는 게 당연하다고 할 것이다. 어쩌면 친절한 태도로 친구의 노고를 인정하면서 자금 지원이 취소된 건 다른 이유 때문일 거라고 말해줄 수도 있다. 덧붙여 친구에게 다정하게 힘을 실어주면서 당신이 겪은 비슷한 일화를 들려줄 수도 있다.

하지만 그런 일이 당신에게 일어난다면 어떻게 하겠는가? 자신에게도 똑같은 친절을 베풀 수 있겠는가? 대부분의 사람들은 스스로에게 최악의 비평가 역할을 한다. 그래서 자신이 세워둔 이상에 부응하지 못하면 스스로에게 패배자 딱지를 붙이고 쓰레기 같은 프레젠테이션이니 나쁜 리더니 하면서 그간의 성과를 아무것도 아닌 것으로 만들어버린다.

부정적인 감정을 느낄 때 그런 감정을 느끼도록 내버려두는 편인가, 아니면 냉정한 태도를 취하면서 그 감정이 표면화되지 않도록 하는 편인가? 혹시 밤늦게까지 잠들지 못한 채 일이 잘못된 까닭을 하나하나 검토하면서 '내 탓이오'를 되뇌는가? 그렇다면 당신은 혼자가 아니다. 많은 사람들이 부정적인 상황의 원인을 자기 탓으로 돌리고 괴로워한다.

자기 연민이란 당신이 힘들 때 친구가 옆에서 위로해주듯이 스스로에게 힘을 주고 친절한 태도로 자신을 이해하고 배려하는 걸 뜻한다. 자기 연민 하면 일종의 유약한 정신 승리 아닌가 하는 생각이 들 수 있다. 그러나 다양한 연구 결과를 통해 자기 연민이 리더십과 건강에 긍정적인 영향을 주는 속성이라는 사실이 거듭 확인되었다. 한 연구에서, 자기 연민 기술을 익힌 참전 용사들의 외상 후 스트레스 장애가 급격히 감소했다는 결과가 나왔다. 학생들을 대상으로 한 연구에서도, 자기 연민 기술이 자기 비판을 줄여주고 회복력을 높인다는 게 증명되었다.

오랫동안 자기 연민에 대한 연구를 해온 크리스틴 네프Kristin Neff 박사는 자기 연민에 능숙해지기 위한 세 가지 중요한 요소를 제시했다.

- 어떤 일 때문에 힘겨울 때 자신을 친절하게 대한다.
- 분쟁을 인간으로서 겪는 경험의 일부로 인식한다.
- 힘든 감정을 느끼도록 허락하되 거기에 휩쓸리지 않는다.

자기 연민을 실천하면 많은 이점이 생긴다. 자신의 성과를 더욱 친절한 태도로 받아들이면서 비판을 덜 하게 되면 좌절감에서 빨리 회복할 수 있다. 자신과 관련해 잘못되었던 일이나 잘못하고 있는 일에 연연하지 않고 자기 연민을 실천하면 스스로를 발전시키는 능력이 향상될 것이다. 자신을 실패자로 여기지 말고 아직 성공하지 못한 것뿐이라고 다독이면서, 좌절에서 배울 수 있는 게 무엇인지 알아보고 긍정적인 사고방식을 지니도록 하자.

자기 연민은 또한 다른 사람을 동정하는 마음을 가지게 한다. 리더는 성장형 사고방식과 자기 연민을 비롯해 다른 이들에게 권하고 싶은 휴먼 스킬을 솔선수범할 필요가 있다. 그렇게 되면 당신과 다른 사람들이 일과 생활 속에서 겪는 불가피한 좌절에서 회복하고 성장하는 데 도움이 될 것이다.

실패와 힘든 시간, 부정적인 감정 등은 모두 인간 경험의 필수적인 부분이라는 걸 기억하기 바란다. 누구나 그런 일을 겪는다. 다른 사람들에게 '오늘은 일진이 안 좋았기 때문에 침대에 누워서 기운을 차리고 싶은 마음뿐이다'라고 솔직하게 말하는 건 아주 괜찮은 일이다. 이런 경험을 하거나 도움을 청하는 걸 부끄럽게 여기지 않는 게 바로 자기 연민이다.

자기 연민 연습하기

힘든 시기를 겪을 때 자기 연민의 세 가지 요소를 떠올린다
자신에게 친절하게 대한다. 때로는 힘겨워하는 게 정상

이라는 걸 기억한다. 누구나 이런 일을 겪는다. 자기가 느끼는 힘든 감정을 모두 인정한다. 그다음 감정 관리 기술을 이용해 이런 감정에 압도당하지 않도록 한다. 가능하면 믿을 수 있는 친구, 가족, 사랑하는 사람에게 지금 무슨 일이 벌어지고 있는지 털어놓는다.

자기 성찰 일기를 쓴다

친한 친구가 당신과 같은 상황에 처했다고 상상해보자. 당신은 그 친구에게 어떻게 힘을 주겠는가? 어떻게 친절과 연민을 보여주겠는가?

힘든 일을 회사나 집에서 공유한다

무엇이 힘들었고 그게 당신에게 어떤 영향을 미쳤으며 앞으로 어떻게 할 계획인지 등을 이야기한다. 팀원 혹은 가족에게 당신은 그런 경험에 면역이 없음을 솔직하게 보여준다.

접촉의 힘을 활용한다

압도당하는 기분이 들 때는 심호흡을 하면서 손을 가슴에 올리고 따뜻한 체온을 느낀다. 그러면서 "이런 기분이 드는 건 지극히 정상이야. 나 같은 상황에 놓이면 누구든 힘들다고 느낄 거야."라고 자신에게 말해준다.

적응 회복력의 중요성을 되새기며

성장형 사고방식, 호기심, 선심초심, 비판단, 자기 연민의 도움을 받으면 좌절을 겪은 뒤에 다시 회복할 수 있을 뿐만 아니라 새로운 성장도 도모할 수 있다.

적응 회복력에는 지적인 위험을 감수하려는 의지, 부당성을 입증하는 증거를 찾으려는 결의, 필요할 때 기꺼이 방향을 바꾸는 개방적인 태도 등도 포함된다.

적응 회복력을 기르는 노하우

어떻게 성장하고 발전할 것인지 지속적인 계획을 세우자. 직장에서 공식적인 자기 계발 계획을 세울 수도 있고, 배우고 싶은 것과 성장해나갈 방법에 대한 개인적인 계획을 마련할 수도 있다. 단순한 할 일 목록이 아니라 '배움 목록'을 만들어야 한다.

- 자신의 일에 대한 열정, 그 일이 자신과 다른 사람, 세상, 공익에 미치는 의미 등을 되새긴다.
- 도전과 좌절에 성장형 사고방식을 적용한다.
- 자신이 도전을 통해 어떻게 성장하는지 주목한다.
- 열린 마음으로 새로운 일을 시도하고 현명하게 위험을 감수하며 자신이나 조직에 도움이 된다면 기꺼이 방향을 바꾼다.
- 부담감은 크지만 남을 돕는 역할을 하고 있는지, 조직 목표에 동조하는지 등을 되새겨본다.
- 시도하고 또 시도하고 다시 시도한다. 결과에만 집중하지 말고 과정에 자부심을 느낀다.

이 책을 여기까지 읽었다는 건 당신의 뛰어난 적응 회복력을 증명하는 것이다. 그런 당신을 열심히 칭찬해주자.

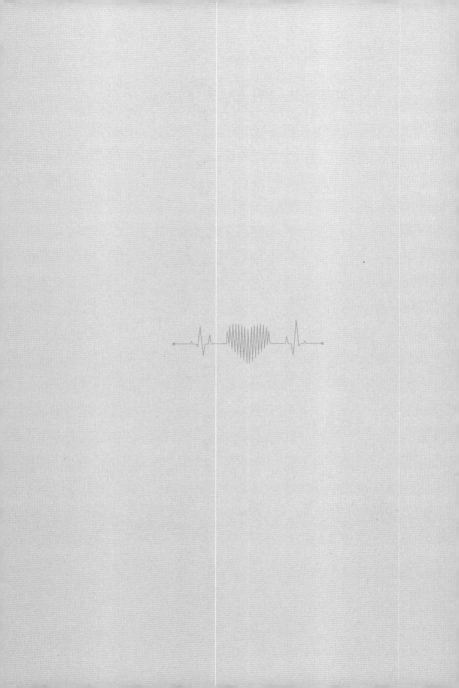

미래 사회, 휴먼 스킬로 대비해라

이 책을 쓰려고 점심시간을 이용해 수많은 인터뷰를 했다. 그중 유명한 저자로서 영향력이 큰 인물도 있었다(그를 미스터 Z라고 하겠다).

그런데 이야기를 나누는 동안 미스터 Z는 좀처럼 집중하지 못했고, 호기심을 가지고 이야기를 듣기보다 자기 이야기를 하는 데 급급했으며, 다짜고짜 본인이 쓴 책을 사라고 하거나 본인과 관련된 기사를 읽으라고 아무렇지 않게 요구했다. 심지어 성차별적 발언까지 서슴지 않았다. 예전에도 고압적인 태도의 CEO들을 여럿 만나보았기 때문에 미스터 Z를 자기밖에 모르는 또 한 명의 비즈니스 리더로 치부할 수도 있었을 것이다. 하지만 그는 회사 임원이 아니라 오랫동안 수련을 쌓은 명상 지도자였다.

인터뷰 후반에 미스터 Z와의 인터뷰 장면을 촬영했는데, 카메라가 돌아가자마자 살짝 미소 띤 얼굴로 차분하고 자비로운 태도를 보이더니 바리톤의 매력적인 목소리로 말을 이었다. 인터뷰 내내 그의 변신을 믿을 수가 없었다. 5분간의 녹화를 마친 그는 자리에서 벌떡 일어나 제대로 된 인사도 없이 다음 약속 장소로 가버렸다.

미스터 Z의 이야기를 꺼낸 이유는 적절하고 일관성 있는 모습을 보이는 것의 중요성을 설명하기 위해서다. 요가 스튜디오나 명상 수련회에 갔을 때, 혹은 휴가 중에 침착하고 친절하게 행동하는 건 쉽다. 하지만 바쁘고 스트레스가 심한 근무 시간이나 보는 사람이 없을 때에도 같은 모습을 유지할 줄 알아야 한다.

이 책 곳곳에서 자기 인식의 다양한 요소들을 언급했다. 이 책을 마무리하며 자신이 어떤 식으로 삶에 관여하고 있는지 인식하는 것의 중요성과 그 인식이 행동에 미치는 영향에 대해 한 번 더 강조하고자 한다. 아무리 인식이 생겨난다 한들 이것이 긍정적인 행동 변화로 이어지지 않는다면 인식 자체만으로는 별 도움이 되지 않기 때문이다.

연구를 진행하는 과정에서 자칭 자기 수행 중독자 내지는 자기 계발 도서 팬이라서 웬만한 관련 서적은 다 읽어보았기 때문에 스스로에 대해 낱낱이 알고 있다고 주장하는 사람들을 많이 만났다. 그럼에도 그들이 또다시 전문가를 찾는 이유는 인식이 행동이라는 결과로 이어지지 않았기 때문이다. 이처럼 인식은 현명한 행동이나 선택과 결합되어야만 빛을 발한다.

무의식적으로 흐르듯 살 텐가

무의식에 몸을 맡기고 되는 대로 움직이다 보면 삶이 저절로 흘러가는 것처럼 느껴진다. 예를 들어, 차에 올라 목적지까지 가긴 갔는데 어떻게 거기까지 간 건지, 차선을 바꿀 때 어떤 동작을 했고 어떤 차들을 추월했는지 전혀 기억이 나지 않을 수 있다.

자기가 무의식적으로 움직이고 있다는 걸 알려주는 징후가 몇 가지 있다.

- 누군가가 어떻게 지내는지 물었을 때 잠시 생각해본 다음 대답하는가, 아니면 평소에 늘 하는 일반적인 대답을 하는가?
- 자신에게 영향을 미칠 변화에 관한 이야기를 들을 때 호기심 가득한 열린 자세를 유지하는가, 아니면 분개하며 저항하는가?
- 자신을 흥분시키는 도화선이 뭔지 알고 있는가? 한발 물러나야 하는 때가 언제인지 알아차릴 수 있는가?
- 사람들의 발전이나 변화를 고려하지 않고 무조건 실패자로 치부하는가?
- 자신의 가치관이 뭔지 아는가? 그리고 자신의 행동이 그 가치관과 일

치하는가?

- 시간을 어떻게 보낼지 스스로 결정하는가, 아니면 늘 임기응변적 대응 자세를 유지하는가?

아무 생각 없이 무의식적으로 살아가는 삶은 수동적이며, 존재하되 존재하지 않는 것이나 마찬가지인 상태가 되어버린다. 삶에 적극적으로 관여하지 않고 그저 되는 대로 살아가는 것이다. 시간은 빨리 흐른다. 하루, 일주일, 1년. 그러다 보면 이번 주는 어떻게 지나간 건지, 올해 상반기를 또 올 한 해를 어떻게 보낸 건지 멍하니 자문하게 될지도 모른다.

그렉은 개별 상담을 진행하면서 분리감, 고립감, 불만족을 느끼는 4, 50대 클라이언트들을 다수 만났다. 그들이 겪는 문제의 근본 원인으로 자주 등장하는 내용을 살펴보면 낡은 패턴에 이끌려 별생각 없이 살아왔다는 것이다.

물론 무의식적으로 뭔가를 배우고 실행할 수 있는 능력에도 나름의 이점은 있을 수 있다. 하지만 삶의 너무 많은 부분이 무의식적으로 진행되고 게다가 그런 일이 벌어지고 있다는 것조차 알아차리지 못하면 문제가 발생하기 쉽다. 그러다 보면 자신이 뭘 모르는지, 어떤 일들이 벌어졌는지 알아내기조차 힘들게 된다.

내 삶은 내 의도대로

무의식적인 삶의 반대되는 삶은 일을 계획적으로 진행하면서 자기가 행동하고 결정하는 방식, 일에 관여하는 방식, 일과 삶, 관계를 대하는 방식을 직접 선택하는 것이다. 다시 말해, 자신의 가치관과 일치하는 것을 선택하되, 가능하면 이 책에서 다루었던 자아의 네 가지 측면에 대한 전체적인 인식을 바탕으로 지금 이 순간 가장 도움이 되는 내용을 선택해야 한다.

이와 같은 적극적인 선택은 통제력, 성취감, 참여도를 높인다. 적극적인 참여자인 동시에 인생과 성공, 행복, 건강을 의식적으로 설계하는 장본인이 되어야 한다. 그러면 '인생은 아름다워!'를 자동으로 외치게 될 것이다.

의도적으로 살아가려면 자신의 선택을 전체적으로 검토하면서 반성하고, 생각하고(정신), 느끼고(감정), 감지하는(신체) 시간을 가져야 한다. 어떤 것에 자극을 받았다면 잠시 동작을 멈추고, 심호흡만 몇 번 하면 괜찮아질지 아니면 긴 산책을 다녀와야 할지 판단해야 한다. 의도적인 삶을 사는 사람들은 자신의 행동이 자신의 가치관이나 비전, 혹은 영향을 미치게 될 타인들과의 유대감과 어긋나지 않는지 수시로 확인한다. 그리고 최선의 행동 방침을 택하고 그런 선택을 한 것에 확신을 가진다. 이를 '철저한 주인 의식'이라고 부르며, 이 말에는 자기가 하는 행동과 그로 인한 결과를 책임져야 한다는 의미가 담겨 있다.

철저한 주인 의식

철저한 주인 의식은 무엇을 뜻하는가?

- 자신의 강점과 약점을 파악할 책임이 있다.
- 자신의 역량과 기술을 개발할 책임이 있다.
- 자신과 자신의 일을 세상에 내놓고 인정받을 책임이 있다.
- 자신의 성장을 책임지고 안전지대에 갇히길 거부해야 한다.
- 누구나 이 세상에 홀로 왔고 홀로 떠날 것이다.
- 자신의 전반적인 삶에 책임감을 가져야 한다.

철저한 주인 의식은 성공의 중요한 원칙이다. 주인 의식을 가진다는 건 자격을 따지거나 단독 책임을 거부하는 것과 정반대되는 개념이다. 당신의 어휘 사전에서 '아무도 알려주지 않았다'거나 '방법을 가르쳐준 사람이 없다' 같은 말은 전부 빼버리자. 성공은 본인의 선택과 행동에 따른 결과다.

한편, 철저한 주인 의식이란 스스로가 자신의 성장을 책임지는 일차적 원동력이 되는 것이다. 'ㅇㅇ하면 상대방이 뭘 해줄 수 있는가' 또는 'ㅇㅇ하는 게 업무 성과와 관련이 있는가'를 따지는 게 아니다. 즉, 외적 동기(누군가의 기대 때문에 하는 일)가 아니라 내적 동기(내가 선택해서 하는 일)다. 철저한 주인 의식은 자신의 능력을 향상시킬 방법을 적극적으로 찾는다. 누군가가 내 약점을 발견하거나 긁어 부스럼 만들지 말라고 말해주길 기다리는 자세가 아니다.

자신의 성장을 책임지는 건 쉬운 결정이 아니다. 삶에서 얻은(혹은 놓친) 결과에 대해 소극적인 자세를 유지하거나 다른 사람을 탓하고 싶어 하는 이유는 여러 가지다. 당신이 지금까지와는 다른 방식을 시도하고 발전을 꾀하면 주변 사람들이 위협을 느낄 수도 있다. 타인의 성장을 지켜보는 걸 싫어하는 사람도 있기 때문이다. 사람들은 보통 자기가 진정으로 원하는 삶이 아닌 다른 이들이 자기에게 기대하는 삶을 사는 게 더 쉽다고 생각한다. 그래서 다른 사람이 자신의 꿈을 이루려고 노력하는 모습을 보면 무의식적인 질투나 수치심을 느낄 수 있다.

이런 사람들을 만나면 "당신의 행동을 싫어하는 사람들은 인생에서 중요하지 않은 사람이다. 인생에서 중요한 사람들은 당신이 어떤 행동을 하든지 상관하지 않기 때문이다."라는 닥터 수스Dr. Seuss의 말을 떠올리자.

인생은 교환의 연속이다. 스스로의 성장을 책임지지 않는 사람은 계속 안락한 장소에 머물게 될 것이다. 하지만 그 대가로 개인적인 역량과 앞으로 나아갈 길을 선택할 자유를 포기하게 된다. 현실에 안주하지 말고 책임감 있는 관리자처럼 스스로를 돌보는 연습을 하자. 이런 연습 시간을 다이어리에 미리 적어놓고 자신을 소중한 동료로 대하면서 자신과의 약속을 하나씩 지켜나가자.

자신에게 닥칠 변화나 이 책이 가르쳐준 내용들에 대해 지레 겁먹을 필요는 없다. 매 순간을 연습의 기회로 삼고 한 번에 한 단계씩, 이번에 안 되면 다음번에 올바른 결정을 내리는 데 집중하면 그만이다.

안전지대를 벗어나면 더 넓은 세상이 나온다 by 그렉

지금보다 젊었을 때 싱가포르에서 열린 한 콘퍼런스의 진행을 돕기 위해 자원봉사를 한 적이 있다. 내가 맡은 역할은 대표자들에게 티켓을 보여달라고 하고 본회의장 출입문에서 입장객을 통제하는 것이었다.

한 지인이 문 앞에서 입장권 검사를 하는 나를 발견하고 깜짝 놀라 다가왔다. "왜 여기서 이런 일을 하고 있는 거예요? 안에서 콘퍼런스를 즐기고 있어야지. 이건 박사 학위까지 있는 사람이 할 일이 아니잖아요."

내가 박사 학위가 있는 건 맞지만 그런 '박사 학위가 있는 사람'이 왜 '하급' 노동을 하고 있느냐는 지인의 말은 숲은 보지 못하고 나무만 보는 발언이었다.

내가 자원봉사를 했던 콘퍼런스는 위즈덤 2.0 아시아였다. 그 콘퍼런스의 주제는 내가 오랫동안 궁금해했던 마음챙김, 리더십, 기술의 교차점에 관한 것이었다. 나는 사람들과 기업 및 세상을 향한 자기 인식을 높이고자 하는 그들의 사명을 높이 샀다. 그래서 도울 기회가 있다는 소식을 들었을 때 바로 자원봉사를 신청한 것이다. 보수나 명망 높은 역할 같은 부수적인 보상은 필요 없었다. 나는 문 앞에서 티켓을 확인하면서 이곳에 입장하는 사람들은 자기 인식 능력이 높아지고 더욱 의식적으로 살아갈 기회를 얻게 된다는 걸 알고 있었다. 그리고 그런 사람들을 맞이하는 역할을 하는 것만으로 이미 충분한 보상이 되고도 남았다.

안전지대에서 벗어나 대가를 기대하지 않고 어떤 일을

했을 때 발생할 수 있는 의도치 않은 결과는 다양하게 다가온다.

신디는 위즈덤 2.0 아시아 콘퍼런스에서 자원봉사자들을 조직하는 책임을 맡았다. 그녀는 저명한 구글 엔지니어 출신의 싱가포르인 차드 멩 탄의 부인이었다. 마음챙김 전문가 차드 멩 탄은 구글이 사내에서 운영한 마음챙김 및 정서 지능 리더십 프로그램인 서치 인사이드 유어셀프의 창시자이자 이번 콘퍼런스의 주요 연설자였다.

신디를 통해 차드 멩 탄을 알게 되었고 이후로 나는 이들 두 사람과 계속 우정을 나누고 있다. 차드 멩 탄과 신디는 종종 나와 크리스털을 도와주었고 전 세계의 심리학, 마음챙김, 심리 전문가들을 소개해주기도 했다.

내가 자원봉사를 하면서 누린 또 하나의 예상치 못한 특전은, 현재 싱가포르의 차기 총리로 내정되어 있고 당시 교육부 장관이었던 행 스위 킷Heng Swee Keat이라는 귀빈의 안내 담당으로 배정된 것이다.

지인의 말대로라면 '문지기' 노릇에 불과한 일을 한 건데, 이토록 훌륭하고 영향력 있는 인물들을 많이 만날 수 있다니 얼마나 멋진 일인가.

3년 후 위즈덤 2.0의 창시자 소렌 고드해머Soren Gordhamer

가 2018년에 샌프란시스코에서 열린 이 행사의 본무대에 크리스털과 나를 초대했다. 우리는 마음챙김, 신경 과학, 리더십 분야의 기라성 같은 이들 앞에서 연설을 할 기회를 얻었다. 내가 아시아 지역에서 열린 위즈덤 2.0의 첫 번째 행사를 돕기로 했을 때는 장차 이런 일이 있으리라고 전혀 예상하지 못했다.

마지막으로 한 가지 조언만 해주고 마무리하려 한다. 자신과 자신의 성장 능력을 믿어라. 소소할지언정 반드시 시작부터 해야 한다. 자신의 가치관에 부합하고 세상에 기여할 수 있는 방식으로 자신의 운영 체제와 의식을 업그레이드하는 여정을 시작하자.

휴먼 스킬을 발휘하는 자 세상을 지배하리니 by 크리스털

2014년 가을, 나는 경이로울 정도로 아름다운 나라 부탄에서 리더십 수련회를 진행했다. 파로라는 산비탈에서 클라이언트들과 함께 명상을 하던 중이었다. 늦은 오후의 햇살이 공기 중의 티끌을 밝게 비추었고 주변의 모든 사물을 사프란만큼 강렬한 노란색으로 흠뻑 적셨다.

열두 명의 클라이언트들은 지난 며칠 동안 우리 팀 소속인 볼커 크론과 유트카 프라이만이라는 훌륭한 심리학자들의 고감도 지도를 받으면서 집중적인 의식 훈련 과정을 거쳤다. 팀의 한의학 전문가인 마크가 클라이언트들의 신체 활기를 되찾아주었고, 향으로 가득한 사원에서 수도승들과 조용히 앉아 명상이나 독경을 하거나 모닥불 옆에서 상쾌한 봄 공기를 마시며 식사를 했다. 어느 날 오후에는 자전거를 타고, 개들이 경계심 없이 따라오고 아이들이 이방인에게 반갑게 인사를 하는 마을을 몇 개씩 지나왔다. 지상 낙원이 있다면 바로 이런 곳이 아닐까.

당시 서른네 살이던 나는 이상주의로 가득했기에 모든 사람에게 이런 피정의 시간이 필요하다고 진심으로 믿었다. 하지만 우리는 소규모 그룹만 맡을 수 있었고, 멀리까지 함께 올 만큼 여유 있는 사람도 드물었다.

지는 태양이 마지막으로 찬란한 빛을 뿌리는 동안 산을 내려오면서 이런 실존적인 행복의 순간을 모든 이들과 공유할 수 있길 바랐다. 그때 내 뒤에 들려오는 한 남자의 목소리가 내 생각을 방해했다. 그를 D라고 부르자. 그는 세계에서 가장 큰 인재 전략 회사의 글로벌 회장이었다.

"이봐요, 크리스털." D가 말했다. "주변을 한번 둘러봐요. 뭐가 보이나요?"

"배고픈 사람들이요." 그에게 대꾸하면서 내가 프런트

에 남긴 주문을 호텔 측이 제대로 받았는지, 우리가 저녁을 먹기로 되어 있는 양궁장에 불을 지펴두었는지 문득 걱정이 되었다.

"내 눈에는 뭐가 보이는지 알아요? 나이 든 사람들이 보여요." D는 반쯤 웃는 목소리로 말했다. "여기 참가한 사람들은 잠재력이 거의 바닥인 상태나 마찬가지예요. 당신이 마련한 이 시간을 우리 같은 늙은 리더들만 이용하기에는 너무 아깝네요. 이런 훌륭한 기술과 도구를 젊은 사람들에게 알려주는 게 어때요? 아직 살 날이 많이 남은 사람들, 작은 중심점 하나로 큰 변화를 일으킬 수 있는 그런 사람들이요."

"저도 그러고 싶어요. 하지만 어떻게 해야 규모를 키울 수 있을지 모르겠어요. 오래전부터 비슷한 생각을 해왔는데 답을 찾기가 힘들어서요."

"아……." D는 발걸음을 멈추더니 고개를 들고 하늘을 바라보았다. "당신이 원하는 바를 진심으로 추구한다면 우주가 방법을 알려주지 않을까요?"

그땐 웃어 넘겼지만 실제로 우주가 길을 찾아주었다.

몇 주 뒤 D가 운영하는 회사의 싱가포르 지사를 담당하는 D의 동료 일레인으로부터 연락이 왔다. 일레인과 내가 가볍게 통화 한번 해볼 수 있도록 D가 자리를 주선해준 것이었다. 일레인과 화상 통화를 하는 동안 통찰력 있으면서도 솔직한 그녀의 당당함에 마음이 끌렸다. 일레인에게 내 삶과 열정, 포부에 대해 말하자 그녀는 "와! 우주가 내게 메시지를 보내는 것 같아요!"라고 했다.

"또 우주 얘기네요?" 예전에 우리가 나눈 대화 내용을 D가 일레인에게 전한 모양이라고 생각하면서 말했다.

"방금 싱가포르 국립 대학 학장님이랑 점심을 같이 먹었는데 말이죠." 일레인이 흐릿하게 전송되는 화면 속에서 눈을 반짝이며 잔뜩 흥분해서 말했다. "학생들의 미래를 대비하도록 이끌어줄 변화 지도자를 찾고 있대요. 졸업생 미래 대응 센터라던데요. 크리스털이 그 계획을 이끌기에 완벽한 사람이라고 생각해요."

결국 우주가 내 소원을 들어주고 대학이 거기 응답해준 셈이 되었다.

얼마 뒤 다시 싱가포르로 향하는 비행기에 몸을 실었고 새로 창설된 졸업생 미래 대응 센터의 초대 이사 역할을 맡았다. 거기에서 세계 최초의 대규모 마음챙김 프로그램과 사회 정서 지능 기반의 미래 준비 프로그램을 만들겠다는 야심 찬 목표를 안고 '뿌리와 날개'라는 과정을 처음 시도했다.

대학 운영진으로 일하는 동안 학교와 실제 고용 세계 사이의 가교 역할을 하는 기회도 얻었다. 인턴, 신입 사원 채용 행사 등을 위해 대학과 수시로 접촉하는 수천 개의 회사를 상대하면서, 세상이 위험할 만큼 빠른 속도로 진화하고 가속화되고 혼란스러워지는 모습을 면전에서 목도했다.

의사 없는 병원, 연료 알고리즘에 따라 자가 조정되는 스마트 화물선, 에어컨을 대체할 수 있는 대형 하이테크 차단막 등에 대한 제안서도 읽어보았고, 제약업에서 웰빙 쪽으로 전향하거나 인더스트리 4.0 제조 로봇을 받아들이는 등 수십 년 동안 유지해오던 어찌 보면 묵은 전략과 사업 계획을 변경 중인 회사도 만나보았다.

매일 흥분에 가득 차서 퇴근했지만 한편으로는 우리가 평생 목격하게 될 변화의 거대함과 그것이 삶과 일, 정신에 미칠 영향에 어떻게 대처할 것인가 하는 의문이 싹트기 시작했다. 학계 전문가, 장기 실직 상태의 구직자, 학부생, 개발 도상국 노동자에 이르기까지 최대한 많은 이들과 만나 이야기를 나누면서 그들이 장차 어떤 지원을 원하는지 물어보았다.

각자의 새로운 관점을 통해 많은 걸 알 수 있었고 대화 내용은 다 달랐지만 몇 가지 공통된 주제가 있었다. 인간에게는 주체 의식이 필요하다는 것이었다. 비록 미래를 예측할 수 없지만 인간에게는 자신의 선택과 태도를 통해 삶의 구조를 만들어갈 능력이 충분히 내재되어 있다. 주체 의식은 모든 외적 변화의 균형을 잡아주는 내적 안정감에 이바지하기 때문에 매우 중요하다. 이런 주체 의식이 없다면 인간은 학습된 무기력에 관한 수많은 연구를 통해 증명되었듯 쉽게 포기해버린다.

더불어 삶의 의미와 가치를 알아야 한다. 깨어 있는 시간 대부분을 일에 쏟으면서 사는 요즘 같은 때에는 자기가 하는 일의 중요성도 알아야 한다. 가치 있는 삶을 산다는 느낌은 정신적, 육체적 건강부터 더 나은 관계와 더 적극적인 사회적 참여에 이르기까지 삶의 거의 모든 측면과 긍정적으로 연결되어 있다. 인공 지능과 자동화가 인간의 일을 대체하는 상황에서, 사회는 이것이 인간의 정체성과 자기 인식에 미치는 심리적 영향을 적극 고려할 필요가 있다.

인간에게는 사랑과 관계도 필요하다. 기계는 다독여주거나 긍정적인 확언을 해줄 필요가 없다. 기계는 자기가 지구상의 유일한 기계인지 아니면 같은 공장에서 만들어진 수천 대의 기계 가운데 하나인지 괘념치 않는다. 인공 지능이 아무리 발달해도 기계는 그런 데 신경 쓰지 않는다.

우리는 심각한 진단을 받은 환자에게 도움을 주거나, 산모가 초음파로 처음 아기를 볼 때의 기쁨을 함께 나눌 수 있을 만큼 마음을 써주는 '인간' 의사가 필요하다. 노인들이 사회에서 잊혀진 존재가 아니라는 걸 알 수 있게 케어해주고, 또 그들이 인생의 황혼기를 품위 있게 헤쳐나가도록 도와주는 '인간' 사회 복지사도 필요하다. 학습에 창의성을 주입하는 방법을 알고 수업 계획에서 벗어난 질문에도 답을 해주면서 학생들의 머릿속에 새로운 탐구의 길을 열어주는 '인간' 교사가 필요하다.

사랑과 의미는 로봇과 인간을 구분 짓는다. 기술이 아무리 정교하게 발전해도 기계적인 처리는 결코 인간의 심장에서 발휘되는 힘을 복제할 수 없다. 단, 기술은 우리가 더 중요한 문제에 관심을 집중할 수 있도록 평범하고 기계적인 일들에서 해방시켜줄 수는 있다.

현시점에서 지구의 미래는 상당히 불확실하다. 한 가지 확실한 건 4차 산업 혁명 다음 단계의 미래는 사랑과 연민, 지혜가 잠재력을 잘 발휘할 수 있는지의 여부에 달려 있는 것이다.

이 책을 읽으면서 새로운 시대에 적응해나갈 방법에 대

한 아이디어를 찾고, 인공 지능이 만들어낼 새로운 기회에 대한 영감을 얻으며, 세상을 위해 자신의 능력을 바치겠다는 자극을 받았으면 하는 게 나의 바람이다.

기억해라. 미래에는 당신의 휴먼 스킬이 필요하다.

이 책은 자기 계발과 인간 잠재력을 탐구하기 위한 여정을 통해 만들어졌으며 많은 현명한 멘토와 스승의 영향을 받았다. 무엇보다 싱가포르 국립 대학교의 졸업생 미래 대응 센터에서 시작된 프로젝트와 그곳에서 받은 훌륭한 지원의 결과물이라고 할 수 있다.

이 책이 나오기까지 수많은 훌륭한 분들을 통해 영감과 지원을 받았다.

차드 멩 탄, 릭 핸슨 박사, 일레인 유, 볼커 크론, 유트카 프라이만, 잭 콘필드, 캐롤 드웩 박사, 댄 시겔 박사, 존 카밧진 교수, 마틴 셀리그만 교수, 타샤 유리크 박사, 대니얼 골먼 박사, 브라이언 바우얼, 리치 펠러 교수, 파루크 데이 교수, 애덤 그랜트 교수, 로버트 케건 교수, 리처드 데이비드슨 교수, 리카이푸 박사, 벤 넬슨, 제니퍼 데이비스, 캐시 림 시히, 데스 시히, 술링 린, 에이미 블랭크슨, 마크 콜먼, 로리 슈완벡, 대니얼 엘렌버그 박사, 주디스 벨, 탄 엥 체 총장, 찬 엥 순 교수, 프라딥 나이르 교수, 로넌 맥가비, BMAC 커뮤니티, 앤지 야르와 싱가포르 고용 연구소 e2i팀, 옹 예 쿵 장관, 프란체스코 만치니 교수, 속 회이 청, 미테시 파텔, 존 유사이, 가레스 매킬로이, 시게오 카츠 총장, 퀵 임 탕과 엔지 안 폴리테크닉팀, 나빈 아마라수리야, 딜런 레이히, 소셜 미디어의 여왕 핀 레이히, 플로렌스 후, 일린 추, 수 맥나마라, 패트릭 그로브, 키쇼어 마흐부바니 교수, 로렌 슈스터, 소렌 고드해머, 골디 혼, 수 옌 웡, 미셸 말도나도, 리사 크로스화이트, 헬레나 와서맨, 제임스 투튼, 브라이언 로고브, 쿠아 이 혁 교수.

원고 집필에 도움을 준 시후이 팡, 동남아 지역 출판사 에픽그램과 관련 팀(엘데스, 캘리, 에드먼드), 서적 대리인 헬렌 망한, 편집을 도와준 커맨드+Z의 앤 메이너드, 그래픽 디자인을 해준 라모나 스튜디오에도 감사를 전하고 싶다.

마지막으로 가족, 친구, 그리고 클라이언트 여러분들이 영감과 지원의 원천이 되어주었다. 모두에게 깊은 감사를 표한다. 이 책이 많은 독자들에게 변화의 시발점이 되기를 바란다.

휴먼 스킬을 갈고닦기 위한 여정을 시작하는 데 도움이 될 자료를 소
개한다.

- **추천 도서**
  《마인드셋》(캐롤 드웩 | 스몰빅라이프)
  《자기통찰》(타샤 유리크 | 저스트북스)
  《포커스》(대니얼 골먼 | 리더스북)
  《붓다 브레인》(릭 핸슨 | 불광출판사)
  《행복 뇌 접속》(릭 핸슨 | 담앤북스)
  《너의 내면을 검색하라》(차드 멩 탄 | 알키)

- **마음챙김 앱**
  스마일링 마인드 www.smilingmind.com.au
  헤드스페이스 www.headspace.com
  인사이트 타이머 insighttimer.com

- **팟캐스트**
  크리스타 티펫의 온 빙 On Being
  onbeing.org

애덤 그랜트의 워크라이프 Work Life
www.ted.com/series/worklife_with_adam_grant

변화를 위한 수련
호프만 프로세스 www.hoffmanprocess.sg

기타 온라인 자료
릭 핸슨
www.rickhanson.net/teaching & www.thefoundationsofwellbeing.com

마음챙김 센터, 마음챙김 기반 스트레스 감소 MBSR 프로그램
www.umassmed.edu/cfm/mindfulness-based-programs/mbsr-courses/mbsr-online

크리스틴 네프
self-compassion.org/category/exercises

마크 콜먼
markcoleman.org

비폭력 커뮤니케이션 센터
www.cnvc.org

UC 버클리의 그레이터 굿 사이언스 센터
greatergood.berkeley.edu

휴먼 스킬

1판 1쇄 인쇄	2020년 8월 11일
1판 1쇄 발행	2020년 8월 25일
지은이	크리스틸 림 랭 · 그레고르 림 랭
옮긴이	박선령
발행인	정욱
편집인	황민호
본부장	박정훈
책임편집	강경양
마케팅	조안나 이유진
국제판권	이주은 한진아
제작	심상운
발행처	대원씨아이(주)
주소	서울특별시 용산구 한강대로15길 9-12
전화	(02)2071-2094
팩스	(02)749-2105
등록	제3-563호
등록일자	1992년 5월 11일
ISBN	979-11-362-4242-6 03320